すらすら読める新訳

君主論

IL PRINCIPE

マキャベリ
関根光宏 訳

サンマーク出版

訳者まえがき

ニコロ・マキャベリは、イタリアのルネサンス期の政治思想家であり、フィレンツェ共和国政府の官吏として活躍した人物です。

マキャベリが1513年頃に執筆したのが本書『君主論』で、人間心理を鋭く読み解き、上に立つべき者の振る舞いを説く名著として世界中で読み継がれています。

マキャベリは、貴族であり法律家の父ベルナルドと母バルトロメーアの3人目の子として、1469年にフィレンツェで生まれました。15世紀後半というと、日本では室町時代。応仁の乱が勃発し、群雄割拠の戦国時代に入ろうとしていた時期です。

当時のイタリアもまた、さまざまな都市国家が乱立し、マキャベリの祖国であるフィレンツェ共和国も激動期を迎えていました。

15世紀のフィレンツェはルネサンスの文化的な中心地として黄金期を謳歌していましたが、政治的には激烈で複雑な権力闘争が繰り広げられていたのです。

メディチ家、ヴェネツィアやナポリなどのイタリア諸国家、教皇を中心とするローマ教皇庁、フランス、スペイン、神聖ローマ帝国……さまざまな勢力がイタリア半島内で覇権を争っていました。

そんななか、20代後半でフィレンツェ共和国政府の官吏に採用されたマキャベリは、外交と軍事の分野で要職を歴任します。いまでいう外交官として、他国に出かけ、君主たちとの直接交渉にのぞむこともありました。情報収集と交渉が得意なマキャベリは、とりわけ有能な官僚だったのです。

ところが、政治的情勢の変化をきっかけに、マキャベリは職を失います。そして失意のなか、フィレンツェ近郊の山荘で隠遁生活を送りながら、再起を期して書いたのがこの『君主論』です。君主が国を治めるためには何が必要なのか、どう考えるべきなのかを綴っています。

ルネサンス時代の君主のあり方について論じた『君主論』ですが、私たちはこれをどう読むことができるでしょうか。

現代社会に置き換えれば、リーダーたるものは何をどう考え行動すべきなのか、というのが本書のメインテーマです。ですが『君主論』は、リーダーに必要な統治術が書かれているだけではありません。

リーダーがいるということは部下がいます。リーダー的立場にあるわけではない人にとっても、人間関係の構築法や交渉術など、この本には日々の生活に生かせるノウハウがたくさん盛り込まれています。

私たちの身のまわりに目を向けると、複雑で冷酷な現実が容易に目につきます。本書を読めば、現代社会で自分の身を守りながら生きていくにはどうすればいいのか、そのヒントがきっと見つかるはずです。巻末の本村凌二先生の「解説」も参照されながら、ぜひ気軽に読み進めていただければ幸いです。

なお、強権的リーダーシップ論という文脈に加えて、ルネサンス期の社会情勢の複雑さにともなう「注」の多さによって、『君主論』は敬遠されてきた側面があるかもしれません。英語版をもとにした本書では「注」を極力文中に入れて、読みやすさを優先しました。

訳者　関根光宏

君主論

目次

すらすら読める3ポイント

1 ▶『君主論』とは？

BOOKS

政治思想家のマキャベリが著した書物で、1532年に刊行された。歴史上の君主を分析し、「権力の獲得と使い方」「集団における人間心理と集団統治の方法」「強い組織のつくり方と維持する術」を考察する。「時代を問わない不変的リーダーシップが学べる」と、世界中の経営者や政治家に読み継がれる。

2 ▶重要人物

KEY PERSON

チェーザレ・ボルジア（ヴァレンティーノ公）…第7章登場。冷静沈着に、目的を果たすためなら道徳を切り離した手段もいとわず断行し、イタリアの平定を進めた『君主論』のモデルとされる人物。時のローマ教皇アレクサンデル6世の息子。

KEY WORDS

3 ▶ 戦国時代のイタリア

『君主論』が書かれた当時のイタリアは、現在のような統一国家ではなく、多数の国が分立し、互いにイタリア半島内で覇権を争っていた。

カバーデザイン　井上新八
イラスト　Yosuke Yamauchi
本文デザイン・DTP　荒井雅美（トモエキコウ）
翻訳協力　株式会社リベル
編集協力　株式会社鷗来堂
編集　梅田直希（サンマーク出版）

本文中の〔　〕は訳註を表します。
本文中の表現については、原則、原文の表現をできるだけ尊重して翻訳しています。

君主論

献辞

偉大なるロレンツォ・ディ・ピエロ・デ・メディチに捧げる

古今東西、君主に気に入られようとする者は、自分にとってもっとも大切なもの、さもなければ、その君主がもっとも喜んでくださると思うものを手に、君主のもとを訪れます。

実際、馬や武器、金ぴかの布織物、きらきら輝く宝石といった、君主の偉大さにふさわしい品物が捧げられるさまを、私は何度もこの目で見てまいりました。

そこで陛下、この私も、陛下にお仕えする証しとして何かをお贈りしようと考えました。

ですが、私の財産のなかで貴重で価値のあるものといえば、**この時代を生きている私自身の経験、それと人間の歴史についての考察、この2つから偉人たちの行いについて私が学びえたこと**、それ以外には何もありません。

ですから、長い時間をかけて積み上げてきたそうした研究の成果を一冊の書物にまとめてみました。それをいま、陛下に捧げます。

もちろん、このちっぽけな書物こそが陛下への贈り物にふさわしいなどと思っているわけではございません。それでも、陛下はその寛大な御心で、この捧げものを受け取ってくださると信じております。

といいますのも、これをお読みいただければ、私がとてつもない年月をかけて学んできたことを、あっという間にご理解いただけるからです。

およそ「ものかき」と呼ばれる輩は、自分の文章をさまざまな美辞麗句や修辞法《レトリック》、さらにはうわべだけの甘い言葉を使って飾り立てるものですが、私はこの書物でそういったことを一切いたしませんでした。そんなことで本書が評価されてもまったく嬉しくないからです。

ここに取り上げたテーマの重要性、それを論じるための素材の多様性を評価されてこそ、意味があります。

人民の分際でこんな書物を書いたからといって、私を思い上がった人間だとは思わないでください。

風景画を描く画家は、山の特徴を知るために山頂に登りますが、時には平地から山をながめてみます。同じように、**人民の性質を理解するためには「君主」である必要があり、君主を理解するためには「人民」でいる必要がある**のです。

陛下、そのような私の熱き思いとともに、このささやかな贈り物をどうかお受け取りください。これをすみずみまでお読みいただければ、陛下がご自身の運命と資質に導かれて最高の君主となられることを、私がいかに強く望んでいるかがおわかりいただけるでしょう。

そしてもし、その高みにのぼられた陛下がこのような低地にも目を向けてくださるのなら、私という人間がいかに不当な運命にもてあそばれてきたのかも、おわかりになるのではないでしょうか。

第1章

統治、その手段の種類

【原題】君主制にはどのような種類があり、君主国はどのような手段で征服されるのか

昔から現在にいたるまで、人々を統治してきた国家はすべて、共和制か君主制のどちらかをとっている。

君主制には、特定の一族が権力の座に就きつづける「世襲型君主制」と、「新しい君主制」とがある。

さらに、この新しい君主制も2種類に分かれる。

一つは、フランチェスコ・スフォルツァが支配したミラノのようにまったく新しい

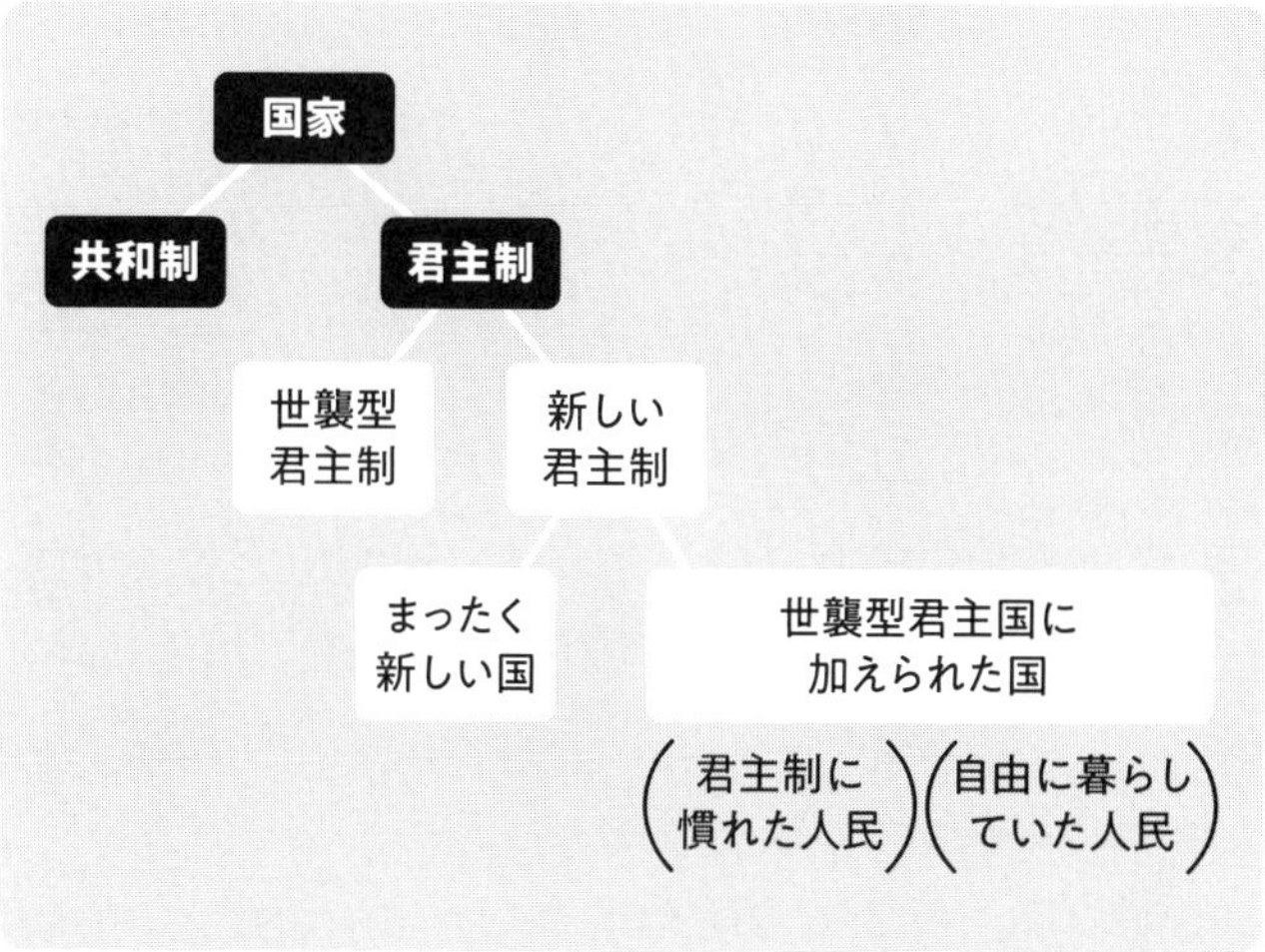

国になる場合、もう一つは、スペイン国王によって併合されたナポリ王国のように、もともとある世襲型君主制の国にさらに新しい国が付け加えられる場合だ。

　このようにして付け加えられた領土の人民は、それ以前から君主という存在のもとで暮らすことに慣れていることもあれば、併合される前は自由に暮らしていたということもある。

　さらに、新たに領土を手に入れる手段として、**「自国の武力」**、あるいは**「他国の武力」**、さらには**「その国の運や力量」**を挙げることもできる。

第2章

変革は「次の変革」をともなう

【原題】世襲型の君主国

共和制については、すでにほかの著書で長々と論じているのでここでは触れず、本書では君主制についてだけを取り上げる。君主制とは、どのように統治され、どのように維持されるべきか、順を追って論じていこう。

まず、**国家の維持という点では、新しくできた国に比べ、君主の血筋という世襲にもとづく国のほうがはるかに楽**である。

なぜなら、世襲の君主が自分の国を維持するには、先祖代々受け継がれてきた慣習を守り、不測の事態が起こったときにも状況に応じた対処をその都度すればいいからだ。とんでもなく強い敵に領土を奪われでもしないかぎり、君主の地位は安泰だ。

万一その座を奪われたとしても、奪った者になんらかの災難が降りかかれば、すぐにまた領土を取り戻すことができる。

たとえば、イタリアのフェラーラ公が、1484年のヴェネツィアの侵攻をしのぎ、1510年の教皇ユリウス2世の攻撃にも耐えられたのは、一族が代々君主の座に就きつづけてきたからである。

生まれながらの君主には、人々を虐げたり傷つけたりする理由がない。そのため、人民に慕われる。君主に対してよほどの憎悪をもたないかぎり、人々は君主に好意的になるのだ。

君主制が延々と続いているということは、そこではこれまで変革が起きず、人々が変革を起こそうとする動機すら存在しないことを意味している。

というのも、**変革とは、ひとたび起きると必ず次の変革につながる**からである。

第3章

権力を他に与えた者は「自滅」する

【原題】混成型の君主国

ところが、一方の新しい君主制にはいろいろな問題がある。

まずは、新しい国を手に入れたことによって、新旧の領土をあわせもつ混合型の国について話そう。

「リーダーが変われば変わる」という思いこみ

そこでは、すべての新しい君主制に共通する困難のせいで政変が起きる。**共通する**

困難とは、「支配者を変えさえすればすべてがよくなっていく」という民衆の思いこみだ。

民衆は武器を手にそれまでの支配者に歯向かうが、そうすればよくなるというのは思い違いにすぎない。人々は、結局のところ、すべてが以前より悪くなっただけだと知ることになるだろう。

政変が起きる理由はもう一つある。それは、新たに君主になった者は、軍事力を用いて、あるいはさまざまなものを獲得するための破壊行為によって、民衆になんらかの危害を与えざるをえないからだ。

そうなると、危害を加えられた人たちはあなたの敵になる。また、あなたを君主の座に引き上げてくれた人たちでさえ、期待はずれだったと失望してあなたの味方になってくれなくなる。だからといって、恩義のある人たちに強硬な措置をとるわけにもいかないだろう。

どんなに強力な軍事力をもっていたとしても、攻め入った地域の住民たちに好意的に受け入れられなくてはうまくいかない。

フランス国王のルイ12世が、領主ルドウィーコからミラノを奪い取ったにもかかわらず、すぐにその領土を失ってしまったのも、そこに原因があった。ミラノの住民たちは、市門を開いてルイを迎え入れたものの、ちっとも期待どおりにならず、幸福がやってくるわけではないとわかるや、この新しい君主の横暴さに我慢できなくなった。

だからこそ、ルドウィーコは、手持ちの兵力だけですぐにミラノをルイから取り戻すことができたのだ。

反乱は、うまく扱えば「安定」に変わる

ところで、**一度反乱が起きた国をふたたび奪った場合には、その国を簡単には失わずにすむ**。

たとえまた反乱が起きたとしても、すぐに反逆者たちを罰し、疑わしい人物を摘発し、自らの弱い部分を強化することで地歩を固めていけるからだ。

実際に、フランス王からミラノを奪い返すためには、一度目はルドウィーコ一人が

国境で騒ぎを起こすだけで十分だったが〔1500年〕、二度目は、フランス王も地盤を固めるとともに反逆者を見つけては罰していたので、その王を追い払うには、世界が立ちあがり一丸となってフランス軍を壊滅する必要があった〔1513年〕。

それにしても、フランスはせっかく手に入れたミラノを二度も手放すことになったわけだが、1回目の失敗はすでに述べたように一般的理由によるものだ。

だが、2回目の理由はなんだったのだろう? ルイ12世は奪い取った国をどうすれば維持できたのか、どんな方策をとるべきだったのか。

トップが「民衆と同じ場」に降りる

新しい領土を獲得して、もとの領土に併合するといっても、両方の領土が同じ地域にあって人々が同じ言語をもっている場合とそうでない場合では話は別だ。

前者の場合、とくにその地域の人々が自由な生活に慣れていないときには、新しい領土を保持しつづけるのはとてもたやすい。**これまでの君主の血統を絶えさせてしま**

うだけで、その領土は確実にわがものとなる。風習に大きな違いがないかぎりは、あ

とはこれまでの状態を保てるようにさえすれば、人々は平穏に暮らしていけるから

だ。

長年にわたってフランスに併合されてきたブルゴーニュ、ブルターニュ、ガスコー

ニュ、ノルマンディーなどがこの例である。そういった地方では、言語には多少の違

いがあったとしても風習が似ているため、お互いがお互いをすぐに受け入れられた。

新しい君主は、以前の統治者の血統を絶やすことに加えて、住民たちの法律や税制

を変えないようにすることも必要だ。それらさえ守っていけば、新しい領土もすぐに

古くからある領土と一体化していく。

一方、**言語も風習も制度も違う地域の領土を手に入れると、それを維持するには大**

きな幸運と努力が必要になる。

この場合のもっとも効果的な策は、トルコがギリシアに対して行ったように、**新た**

な君主自らがその領土に移り住むことだ。

トルコの君主は、たとえほかにどんな策を講じたとしても、自らそこに移り住まな

かったならばギリシアを統治しつづけられなかったはずだ。

現地に住めば、不穏なことが起こりそうなときには、察知してすぐに対処できる。しかし、遠くにいたら、事態が大きくなってから知り、手遅れになる。

さらに君主が住んでいれば、その地域を任せた重臣たちにその地を奪われることもない。君主に従順な住民たちは、君主がそばにいればすぐに訴えを聞いてもらえるので安心でき、従順でない者たちは、反対に君主を大いに恐れることになる。そうなれば、外部から攻め入ろうとする者も、より慎重にならざるをえないだろう。

つまり、君主が新しい領土に住んでいれば、やすやすとその国を奪われることはないのである。

「寛容」か「抹殺」か。一本化する

もう一つの効果的な策は、新しい領土の拠点となる1、2か所に移住民（植民）を送り込むことだ。そうしなければ、多数の騎兵や歩兵を駐屯させることになり、莫大な費用がかかる。

移住民を送ってそこに住みつかせれば、君主はまったく、あるいはわずかしか費用を負担しないですむ。移住民によって田畑や家を取り上げられる者（地元民）も出てくるが、それはほんのひと握りにすぎない。その人たちはばらばらになって貧困に陥るので、結局、君主にとって危険な存在になることはない。

それ以外の人たちは損害を被らなかったので、新たな君主に従順になり、さらには、自分たちも下手なことをすれば略奪されてしまうのではと怯えて、おとなしいままだろう。

つまり、拠点に送られた移住民は君主により忠実で、元からいた住民を傷つけることもあまりなく、略奪された人々も貧困に陥ってばらばらになるので、君主を害することがないのである。

ここで一つ大事なことがある。**民衆に対しては、優しくするか、あるいは抹殺するかのどちらかにしなければならない。**

というのも、**人間は、軽く傷つけられたときには仕返しをしようとするが、大きなダメージを受けると復讐できない**からだ。したがって、誰かに危害を加えるときには、復讐される恐れがないよう徹底的にやらなければならない。

問題は「起きる前」に見つけ、手を打つ

話を戻そう。

移住民を送り込むのではなく武装した兵を駐屯させるとなると、莫大な経費がかかり、新しい領土からの収益をすべてそこにつぎ込むことになる。つまり、領土獲得の収支がマイナスになってしまう。

さらに、軍隊をあちこちに移動させることで、領土全体の多くの住民を害することになる。被害を受けた住民はまだその地域にとどまっているので、一人ひとりが君主に仕返しをする恐れがある。

つまり、どの観点からも、軍を駐屯させるのは意味がなく、移住民を送り込むのは有益なのだ。

風習・言語・制度が違う地域に移り住んだ君主は、近隣の弱小勢力集団の長および

庇護者となって、その地域の強大な勢力を抑え、たとえ不測の事態が起こっても、自分と同じぐらい強い外部勢力が入り込んでこないよう警戒しなければならない。とてつもない野心や恐怖心から不満を抱く人たちは、外部勢力を領土のなかに引き入れようとするものだが、そういう危険はつねにあると考えるべきだ。

その昔、アイトリア人がギリシアにローマ人を引き入れたのもその例である。ローマ人が侵攻に成功した地ではどこでも、現地の住民がローマ人を導き入れたのだ。

さらに、**強大な外国勢力が入り込んでくると、その地域の弱小勢力は、これまで自分たちを支配してきた君主への恨みや憎しみに駆られて、新たな勢力の側につく**ことになる。

つまり、新たな権力者は弱小集団を簡単に手中に収めることができるのだ。

ただし、そうした弱小集団が力や権限をもちすぎないように注意しなければならない。そうすれば、新たな君主は自らの力に弱小集団の支援を合わせることで、ほかの勢力を次々に弱体化させ、その地の完全な支配者となれるだろう。

だが、こうした策をとれない者は、手に入れた地をすぐに奪われる、あるいは、たとえその地を保持したとしても、多くの問題や厄介ごとにわずらわされることになる。

ローマ人は攻略した地において、この掟どおりの行動をとった。移住民を送り込むとともに弱小勢力を手なずけてその力が増大しないように抑え込み、強大な勢力は叩き、外部勢力が入り込むすきを与えなかった。

たとえばギリシアでは、ローマ人は、アカイア人やアイトリア人を味方につけ、マケドニア王国を打ち負かし、アンティオコス〔セレウコス朝シリアの王〕を追放した。しかし、**アカイア人やアイトリア人に功績があったからといってそれらの勢力を拡大させることはなかった。**

フィリッポス〔マケドニア王〕が言葉巧みに近寄ってきても、その勢力を弱体化させてからでないと味方になろうとはせず、アンティオコスの勢力がどんなに大きくても、その地に領土を保持することを許さなかった。

ローマ人は、賢明な君主がすべきことをしたのである。

つまり、**名君たるもの、目の前の紛争だけでなく将来に備えて万全の対策をとっておかなければならない**のだ。

早くから予見していれば容易に対処できるが、目の前に近づくのを待っていては手遅れになる。医者もよくこう言うではないか――初期段階の肺病は発見は難しいが、見つかれば治療はやさしい。ところが、遅くなればなるほど、簡単に発見できるが、治療は難しくなる――国を治める場合にも同じことが起きる。

その国に生まれた病を早期に発見できればすぐに治すことができるが、反対に発見が遅れて誰の目にもわかる段階まで放置してしまうと、手の施しようがなくなるのである。

放置しても問題は大きくなるだけ

ローマ人は、早くから不都合なことを見つけて、すぐに対応策を講じ、「争いを避けたいがために事態を放置しておく」などということはけっしてなかった。

そもそも戦争は避けられるものではない。先送りにすれば敵に有利になるだけだと

わかっていた。

だからこそ、彼らはフィリッポスやアンティオコスに対してギリシアで戦いをしかけ、イタリアでは戦わないですむようにした。現代の賢者たちがよく口にする「時が熟すのを待ちつづける」というやり方を好まず、自身の力量と思慮深さに懸けたのである。

なぜなら、**時とともに、よきことだけでなく悪しきことも運ばれてきてしまう**からである。

ここでフランスに話を戻し、これまで述べてきた策のなかで実際に何が行われたかを見てみよう。

シャルル8世についてではなく、彼よりはるかに長期間イタリアを支配してきたルイ12世の軌跡のほうがわかりやすいだろう。ルイは、風習や言語がまるで異なる領土を維持するためにとるべき策を講じずに、逆のことを行った。

そもそもルイがイタリアに侵入したのは、ヴェネツィアの野望に誘導された結果だった。ヴェネツィアは、フランスの侵攻を利用してロンバルディアの領土の半分をその手に収めようとしていた。

だからといって、私はルイを非難するつもりはない。ルイにとっては、イタリアに足場を築こうにも、そこには味方がいないばかりか、先王シャルルの振る舞いのせいですべての門が閉ざされていた。そのため、相手が誰であろうと手を結ばざるをえなかったのだ。

また、彼のイタリア侵入の決断は、ほかの政策でいくつかの間違いを犯してさえいなければ、成功していたはずである。

フランス王ルイはロンバルディアを攻め落とすと、すぐにシャルルが失った名声を取り戻した。ジェノヴァが降伏し、フィレンツェ人が味方についた。マントヴァ侯、フェラーラ公、ベンティヴォリオ家の人々、フォルリの女城主、ファエンツァ、ペザロ、リミニ、カメリーノ、ピオンビーノの領主たち、さらにはルッカ、ピサ、シエーナの市民が次々と、友好関係を結ぶためにルイのもとにやってきた。

このときになって、ヴェネツィア人は自分たちの方策が軽率だったことに気づく。ロンバルディアの2か所の土地を手に入れようとしていたのに、フランスの王をイタリア全体の3分の2の支配者にしてしまったからだ。

ここで、ルイが、すでに述べた掟を守って、味方になったすべての者の安全を保障し庇護していたら、苦労せずにイタリアでの名声を保ちつづけられたはずである。

というのも、味方になった者の数は多く、どれも弱小勢力ではあったが、ある者は教会の権力を、ある者はヴェネツィアを恐れていたので、フランス王につかざるをえなかった。だから、彼らの助けを借りれば、当時イタリアで強大な勢力をもつ国々から身を守ることができただろう。

ところが、ルイはミラノに入るとすぐに逆の行動に出た。教皇アレクサンデルのロマーニャ占領に手を貸してしまったのだ。

この彼の決断によって、彼にひざまずいてきた人たちや味方になった人たちが彼から離れてしまい、ルイは自分の立場を弱めたばかりか、教会を強大な存在にしてしまった［教皇はイタリア中部の広大な教皇領（教皇領国家）を支配する君主でもあった］。

教会が精神的な権力だけでなく大きな政治的権力を備える結果となったことに、ルイは気づかなかった。さらに、最初にこの過ちを犯してしまったせいで、その後も同じことを繰り返すしかなくなってしまった。

結局、教皇アレクサンデルのさらなる野望を阻んでトスカーナ地方の支配者にさせないためには、ルイ自らがイタリアに進出しなければならなくなった。

ルイはまた、教会権力を増大させて味方を失っただけではなく、ナポリ王国をわがものにしようとして、その国をスペイン王と分け合うことにしてしまった。すでに単独で支配していたイタリアに、わざわざスペインという別の仲間を引き込んだのだ。その結果、スペイン王はこの地方の野心家たちやフランスに不満をもつ者たちが頼る存在となった。

ルイは、自分に貢いでくれる王をナポリ王国に残しておけばいいものを、その王を排除して、やがて自分を追い払うほどの力をもつ人物をその座に据えてしまったのだ。

他者に力を与えた者は「自滅」する

領土を拡大したいという欲望は、きわめて自然なものだ。したがって、その能力をもつ者が領土を拡大する場合には、称賛されることはあっても、非難はされない。

だが、能力のない者が無理やり新しい領土を手に入れようとするのは、非難されてしかるべきだろう。

したがって、フランスは自らの兵力でナポリを攻略できたのならそうすべきであり、それができないなら、スペインと分割などすべきではなかったのだ。

ヴェネツィア人とロンバルディアを分け合ったときにはフランスがイタリアに足場をつくるという大義名分があったが、今回のスペインとの分割は理由が成り立たず、非難されてもしかたないだろう。

要するに、ルイは5つの過ちを犯したといえる。

①弱小勢力を消滅させたこと
②イタリアでアレクサンデル教皇という一大勢力をさらに強大にしてしまったこと
③スペインという外国勢力をこの地域に引き入れたこと
④自らイタリアに移り住まなかったこと
⑤移住民を送り込まなかったこと

この5つだ。

それでも、ヴェネツィア人から領土を奪うという6番目の過ちを犯さなければ、彼が生きている間にはそれほどのダメージはなかったはずだ。いいかえれば、教会権力を強大にしたりイタリアにスペインを引き込んだりする前であれば、ヴェネツィア人を弱体化させることも理にかなっていて必要でもあった。

だが、あのような決断をしたからには、ヴェネツィア人を滅ぼすことに同意してはいけなかったのだ。

なぜなら、ヴェネツィア人が力をもっていれば、教皇やスペイン王がロンバルディアに介入するのを抑えられたからだ。

ヴェネツィアは自らがロンバルディアの支配者にならないかぎり、そういった介入を許さなかっただろう。また、スペイン王や教皇も、ヴェネツィア人に与えるためであれば、わざわざフランスからロンバルディアを奪おうなどとは思わず、かといって、フランスとヴェネツィアという2つの強国と正面からぶつかり合うほどの勇気もなかったはずだ。

ちなみに、ルイ王がアレクサンデルにロマーニャ地方を、スペインにナポリ王国を譲ったのは、どちらも戦争を避けたかったからではないかと言う者がいれば、私は先に説明した根拠をもとにこう答えよう。

戦争を回避したいからといって、混乱を放置してはいけない。戦争は避けられないものであり、引き延ばせばさらに不利になるだけだ。

さらに、ルイ王は自身の結婚を解消して枢機卿の地位を得るために、引き換えにあのような戦争を教皇に約束したと主張する者がいるかもしれない。私は、君主の務めと、その務めをいかに守るべきかについて後（第18章）に述べることによって、そういう者たちに対して答えることにしたい。

このように、ルイ王がロンバルディア地方を失ったのは、新たな地域を手に入れ、それを保持しようとした者がこれまで守りつづけてきた掟を一つも守らなかったからである。つまり、当然の帰結なのだ。

この件について、私はナントでルーアン［フランス北部の都市］の枢機卿と話したことがある。ヴァレンティーノ公、つまり、教皇アレクサンデルの息子、チェーザレ・ボルジアがロマーニャ地方を占領したときのことだ。

ルーアンの枢機卿が私に「イタリア人は戦争というものがわかっていない」と言ったので、私は「フランス人は国を支配するということがわかっていないのでは？」と反論した。「もしわかっていれば、フランスはローマ教会をあれほど強大にさせなかっただろう」とも付け加えた。

実際のところ、教会権力とスペインがイタリアであれだけ大きな勢力をもつようになったのはフランスのせいであり、フランスの失墜はこれらの2つの勢力が原因であるといえる。

ここから、一般原則が引き出される。それは、**ほかの誰かが強大な権力をもつ原因をつくりだした者は必ず自滅する**という原則だ。

というのも、才覚か武力のどちらかの能力を備えた者によって強大な権力者が生まれるものだが、そうやって権力者となった者は、そのどちらかの能力をもつ者に対して不安や不信感を抱きつづけるからだ。

第4章

統治が容易な集団、困難な集団

【原題】アレクサンドロス大王が征服したダレイオス王国では、大王の死後も後継者への反乱が起こらなかったのはなぜか

新たに征服した領土を維持することの難しさを考えると、次のような史実に疑問をもつ人もいるかもしれない。

アレクサンドロス大王はわずか数年でアジアの支配者となったが、その後すぐに死んでしまったので全土で反乱が起こって当然だった。にもかかわらず、アレクサンドロスの後継者たちはずっとその領土を維持しつづけ、身内の野心から仲間内で起こった問題以外にはどんな困難にも出会わなかった。

どうしてそんなことが可能だったのだろう？

「奪う」と「統治」は別物である

私はこう答えよう。人々の記憶に残っている君主国ではすべて、2つの方法のいずれかで統治が行われてきた。

第一の方法は、一人の君主とその臣下たちによって統治されるというもので、臣下のなかから君主に引き立てられた者が行政官に任命され、君主の統治を補佐する。もう一つは、一人の君主と封建諸侯たちによる統治で、諸侯たちは、君主の引き立てによってではなく、昔ながらの血筋によってその地位を保っている。諸侯はそれぞれ自分の領地と臣下をもっているので、臣下は彼らを主君と仰ぎ、親愛の情を寄せている。

前者、つまり一人の君主とその臣下たちによって統治されている国のほうが、君主は大きな権力をもっている。そういう国では、君主より地位の高い者などいないからだ。民衆は行政官や役人に服従していることもあるが、そういう人たちにとくに親愛の情を抱いているわけではない。

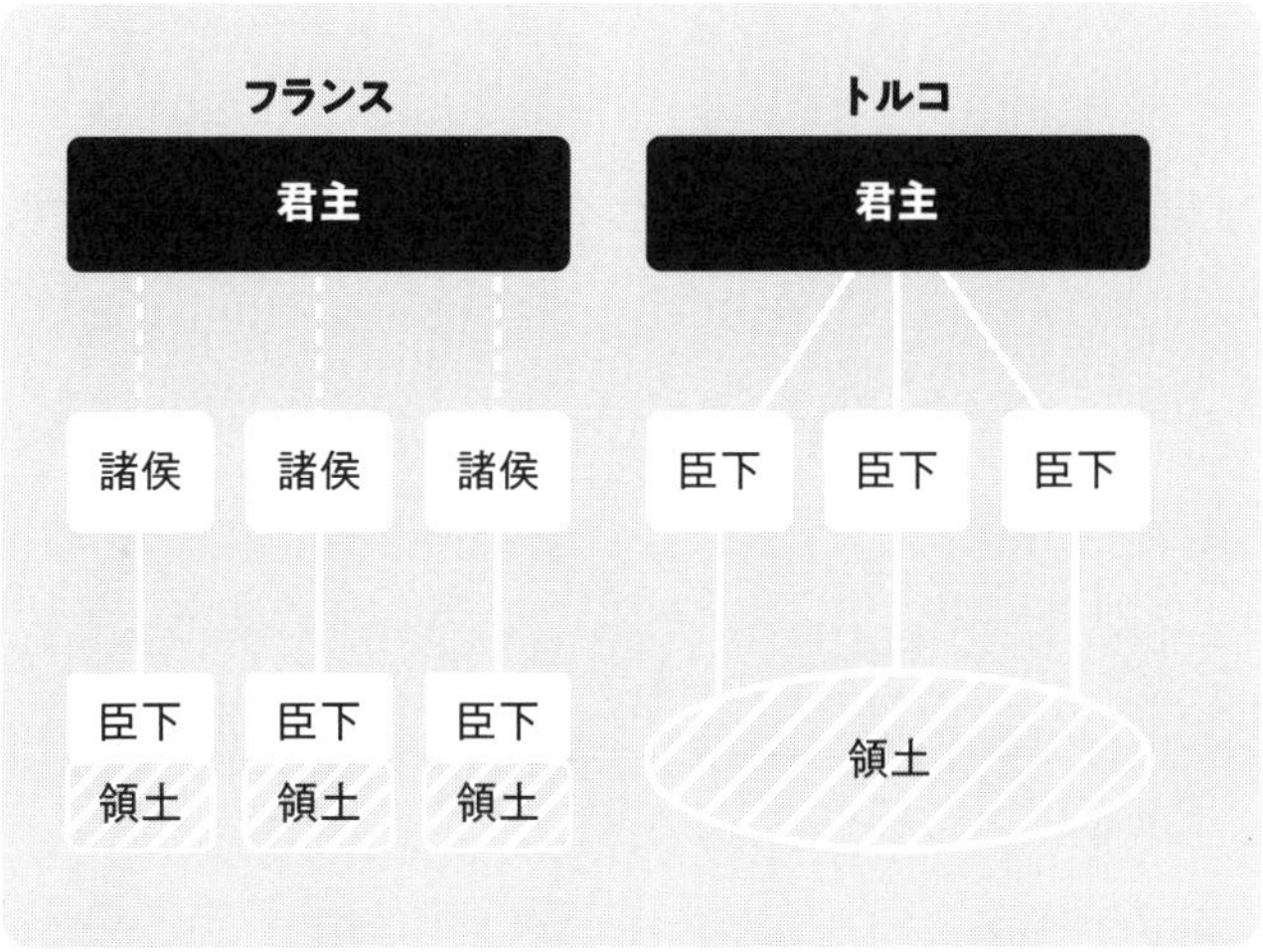

こうした2つの統治法は、トルコとフランスに見られる。

トルコは、一人の君主によって統治され、ほかはすべて彼の臣下である。君主は国をいくつかの行政区に分けて、さまざまな行政官を派遣し、時には思いのままに行政官を更迭したり交代させたりする。

一方、フランス国王は、古くから続く諸侯に取り囲まれ、諸侯はそれぞれの臣民［君主国の人民］に主君と仰がれ、愛されている。たとえ国王といえども、諸侯がもちつづけている特権を危険を冒さずに取り上げることはできない。

この2つの国を比較すると、トルコという国家を手に入れるのはより難しいが、ひとたび奪ってしまえばそれを保持するのはきわめて容易であり、反対にフランス王国を占領するのはいくつかの点から容易だが、保持するのはきわめて困難だとわかるだろう。

トルコの征服が難しいのは、国内の高官たちから侵略を手引きしてもらえないだけでなく、君主の側近が謀反を起こして征服がさらに容易になるといった事態も望めないからだ。なぜなら、高官たちはすべて王の忠実なしもべであり、王に恩義があるので、彼らを買収するのは難しく、たとえ買収できたとしても、民衆までは従えてきてくれないので、たいして役に立たない。

したがって、**トルコを攻撃するときには、相手は一致団結してくると考えなければならない**。そうなると、相手の混乱に乗じるのではなく、自らの兵力で戦うしかない。だが、いったん打ち破って、敵が軍を立て直せないほどに撃破できれば、あとはこれまでの君主の血筋以外に恐れるべきものはなく、その血筋さえ絶やしてしまえばいいということになる。

こうして勝利した者は、戦う前に民衆を頼りにしなかったのだから、戦った後にも民衆を恐れる必要がない。

ところが、フランスのような統治法をとっている国では逆のことが起きる。そういう国には不満分子や政変を望む者がつねにいるので、封建諸侯の誰かを味方につけるだけで、やすやすとその国のなかに入り込める。そういう者たちが、攻略の道を開いてくれ、勝利を助けてくれるのだ。

だが、その後、支配を保とうとすると、援助した者たちからも鎮圧された者たちからも、無数の難題が降りかかってくるだろう。しかも、新たな変革を起こしてリーダーになろうとする諸侯が背後にいるために、君主の血筋を絶やしただけではまったく足りない。

そうした諸侯相手だと、満足させることも消滅させることもできないので、何かのきっかけで簡単に支配権を奪われてしまうだろう。

征服は力量以上に「状況」次第

アレクサンドロス大王に敗れてペルシア帝国最後の支配者となったダレイオスの国家がどういう統治をしていたかを見てみると、トルコに似ていることがわかる。だからこそ、アレクサンドロスはダレイオスと全面的に衝突して、彼を戦場から敗退させる必要があった。

その後、ダレイオスが死んだので、すでに述べたような理由からアレクサンドロスの国は確固たるものになった。その後継者たちも結束している間は安泰だった。実際、後継者たちの間のもめごと以外には、どんな騒乱も起きなかったのである。

だが、フランスのような統治法の国では、新たな領土を平穏に保っていくことは不可能である。

同じ理由から、スペイン、フランス、ギリシアなどでは、かつてローマ人に対して数多くの反乱が起きた。これらの国には、多数の諸侯が支配する領地があったためだ。反乱の記憶が残っていいたために、ローマ人はそれらの国の領有に不安を覚えていた。

それでも、帝国の支配が長く続くと、やがてそうした記憶も消え、ようやくローマ人が確固たる統治者となることができた。後続の世代も、互いに争いながら、それぞれが自分の征服地で獲得した権力に応じて、属州の一部を手なずけることができた。古くからの支配者の血筋が絶やされていたので、ローマ人だけが統治者として認められたのだ。

以上のことから考えれば、アレクサンドロスがアジアの領土をやすやすと保持しつづけたことも、多くの王たちが征服地の維持に苦労したことも、誰も不思議には思わないだろう。

そうした結果は、征服した者の力量の差からくるのではなく、征服した地の状況の違いによるものなのである。

第5章

「自由、自主的な集団」をうまく率いるには

【原題】征服以前に民衆が自治のもとで暮らしてきた場合の都市や国の統治

征服した国々で、それまで民衆が自分たちで定めた法律のもとに自由に暮らしていた場合には、支配を続けるやり方が3つある。

第一はその国の都市を破壊すること、第二はそこに君主自らが移り住むこと、そして第三のやり方は、人々がそれまでの法に則って暮らすことを許すとともに税金を取り立て、あなたと友好関係を保つことができる特定の少人数による政権を国内につくることである。

その政権は、新たな君主の手によって擁立されたのだから、君主の庇護と好意を失

えば立ちゆかない。そうなると、君主を全力で支えるようになる。

そして、自由に慣れている都市を破壊せずに維持しようとするなら、その市民をうまく利用するのがいちばん手っとり早い。

破壊断行で「ゼロ」にするか、「寝食」をともにするか

そうした例として、スパルタとローマを挙げることができるだろう。

スパルタ人は、少数支配層による政権を擁立してアテナイやスパルタの支配を続けたが、どちらも失った。

ローマ人は、カプア、カルタゴ、ヌマンシアを支配するためにそれらの都市を破壊し、どれも失わずにすんだが、ギリシアを保持するためにスパルタ人と同じやり方をしようと考えた。つまり、人々を自由なままにし、それまでの法律にも手をつけなかった。だが、うまくいかなかった。

そこで、ギリシアを支配しつづけるために多くの都市を破壊せざるをえなかった。

実際、自由な生活に慣れた都市を領有するには、破壊することほど確かなやり方はな

い。

というのも、**破壊しなければ、自由という名と伝統的な制度の両方を盾にした反乱が起き、それらの都市によって自らが破壊されてしまう**からだ。

「自由」と「伝統的な制度」は、時が経っても、たとえ新しい君主から恩恵を受けたとしても、人々からけっして忘れられることはない。

何がなされようが、どんな方策が講じられようが、住民たちがちりぢりにされたり一掃されたりしないかぎり、人々の記憶に残り、何かのきっかけですぐにそこに立ち戻ろうとする。

ピサが、フィレンツェに隷属して100年も経ってから以前の自由と制度に立ち戻ろうとしたのもそのためだ。

一人の君主に支配されて生活することに慣れている都市や地域では、それまでの君主の血筋が絶えている場合、自分たちのなかから君主を立てることについて意見が一致しないだろう。かといって自由な暮らしのしかたもわからない。一つには人々が服従することに慣れてしまっていること、もう一つはそれまでの君主がいないせいである。そのために、なかなか武器をとって蜂起しようとはしない。

そうなると、新しい君主は簡単に彼らを味方につけて、歯向かわないようにさせることができる。

一方、共和政の都市の場合には、人々の活力も新しい君主への憎しみも、さらには復讐心もはるかに強くなる。かつての自由の記憶が失われることはないからだ。

そう考えていくと、**もっとも安全なやり方は、都市を抹殺すること、あるいは君主自らがそこに移り住むこと**だろう。

第6章

自らの手で組織を新しくするとき

【原題】自分の武力や力量によって手に入れた新しい君主国

まったく新しくつくられた君主国について、君主としても政体としてももっとも偉大な例を挙げてみよう。

矢は「的よりはるか高く」を狙え

人間はたいてい、先人の歩いた道を歩み、先人の行いを模倣しようとする。それでいて、完全に先人と同じ道をたどることもできなければ、模倣した人物の力量に達することもできない。

そうであれば、**賢者は、偉大な人物が踏み固めた道を行き、並外れた人物こそを手本とすべきだろう**。たとえ自分の力量が及ばなかったとしても、偉大な人物が残していった香りを感じることができるからだ。

的があまりに遠く、しかも自分の弓の力の限界を知っているとき、賢明な射手が、あえて目標よりはるかに高いところに狙いを定めるのと同じである。**実際にははるかに高いところに矢が飛んでいくわけではないが、高めを狙うことで当初の的まで矢が達する可能性が高まる**のだ。

まったく新しい君主国において、その国を支配しつづけることがどれほど難しくなるかは、君主の座に就いた者の力量にかかっている。

そもそも一介の市民が君主になるからには、それなりの手腕か幸運のどちらかが備わっていたと考えられる。その後に直面する多くの困難も、そのどちらかがあれば、ある程度は解決できるだろう。

とはいえ、運にはあまり頼らない人物のほうがさらに安定した支配をできる。さらに、ほかに領土を有していないために征服した地に移り住むしかなかった君主のほうが、その地位を維持するのが容易になる。

チャンスは材料。生かす・殺すは自分次第

運によってではなく自身の力量によって君主になった人物のうち、とくにすぐれた人物は、モーセ［イスラエル民族の指導者］、キュロス［アケメネス朝ペルシア帝国の創立者］、ロムルス［伝説上のローマの建国者］、テセウス［ギリシア神話の英雄］だ。

ただし、モーセについては、神に命ぜられたことをただ実行しただけなので論外とすべきかもしれない。そうはいっても、神の恵みによって神と語るにふさわしい人物に選ばれたというだけでも、すばらしいことだ。

国を征服したり国を築いたりしたキュロスやそのほかの人物は称賛に値する。そうした人物一人ひとりの行動や態度を考察すると、神という偉大な命令者に従っていたモーセと大きな違いがあるようには見えない。

というのも、彼らの行動や生涯を調べると、いずれも運命から授かったものはチャンス（機会）だけだとわかるからだ。

チャンスといっても、いわば材料を提供されただけで、それを思いどおりにつくりあげたのは彼ら自身だ。

ただし、そうしたチャンスがなければ、彼らの内に潜んでいた力量も発揮できなかっただろうし、反対に力量がなければ、チャンスがめぐってきてもそれを生かせなかっただろう。

モーセは、エジプトでイスラエルの民がエジプト人に奴隷として抑圧されているという状況にめぐりあうことができた。そういう機会があったからこそ、イスラエルの民はその状況を脱するためにモーセについていくことにしたのだ。

同じように、ロムルスがローマの王となってローマを建国できたのは、ロムルスはアルバには居場所がなかったこと、さらに生まれてすぐに捨てられたという過去があってのことだった。

キュロスは、ペルシア人がメディア人の支配下で不満を募らせ、メディア人も長期間の平和に慣れてすっかり脆弱になってしまっていたからこそ君主になれた。テセウスも、分裂してちりぢりになったアテナイ人と出会わなければ、その能力を発揮できなかっただろう。

つまり、**どの人物も、チャンスに恵まれたことが幸運をもたらし、すぐれた能力でそのチャンスを見事にとらえた**のだ。その結果、彼らの国は栄光を与えられ、繁栄していった。

新しくすれば「敵」が生まれる

このように勇猛な道を歩んで君主になった人物は、新しい国を獲得することには苦労するが、国を維持していくのは難しくない。

国を征服する際の困難の一つは、統治体制をつくりあげ、それを安定させるために新しい制度や方法を導入しなければならないことにある。率先して新しい秩序を根づかせることほど難しいことはない。

うまくいく保証はどこにもなく、その実行にはつねに危険がともなう。というのも、**新しい制度を導入しようとする者は、古い制度の恩恵に浴していた者すべてを敵にまわし、新しい制度から利益を得ようとする者がいたとしても、彼らは一時しのぎの味方にすぎない**からだ。

そういった人々の姿勢は、古い法律にしがみつく「敵対者への恐怖心」や、長い時間をかけて経験しないかぎり新しいことをなかなか信じようとしない「猜疑心《さいぎしん》」から生まれる。

古い制度を守りたがっている敵は、ここぞとなれば一丸となって攻撃してくるというのに、君主の味方はそこまでの熱意がないので、君主は窮地に追い込まれてしまう。

自分で変える「覚悟」をもつ

この問題をさらに詳しく述べるためには、新しい君主が変革を推し進めていくのに自身の力だけを頼りにしているか、それとも誰かに頼るといった他力本願なのかを見ていく必要がある。

他者に頼る場合には、必ずといっていいほど弊害が生まれて何も達成できない。反対に、**自分の力を発揮した場合には、危機に陥ることはめったにない**。だからこそ、武装している予言者は勝利を収めたが、そうでない予言者は滅びたのだ。

先に述べたことに加え、民衆とは気が変わりやすいもので、説得するのは簡単でもその状態を持続させるのは難しい。

したがって、人々が君主の言うことを信じなくなったときには、力によって無理やり信じさせることができなければならない。

モーセもキュロスも、テセウスもロムルスも、武力をもっていなかったら、自分たちの立法や制度を人々に長期間守らせることはできなかっただろう。

現代では、修道士ジロラモ・サヴォナローラ〔フィレンツェで神権政治を行ったドミニコ会修道士〕がまさにその例だ。この修道士は、多くの人が彼の言葉を信じなくなったとたんに、自らがつくりあげた新しい秩序とともに破滅してしまった。彼は自分の言葉を信じた民衆をつなぎとめておく手段も、信じていない者を信じさせる手段ももっていなかったからだ。

そういう場合には、何か行動を起こすとむしろ大きな困難に直面し、行く手に危険が立ちふさがるので、自らの手腕で乗り越えていくしかなくなる。だが、いったん乗り越えて、妬んでいる連中を滅ぼし、人々から尊敬されるようになると、その権力は安定して栄誉と幸福に恵まれる。

このような偉大な例のあとでは、多少見劣りがするが、もう一つ例を挙げておきたい。シラクサの王、ヒエロン2世だ。

一介の市民からシラクサの君主になったヒエロンもまた、運命から与えられたものはチャンスだけだった。彼は、抑圧されていたシラクサの民衆によって市民隊長に選ばれ、それをきっかけに、君主にふさわしい人物とみなされるようになっていく。

実際、一市民であったときから彼はすばらしい手腕を発揮していた。「この人物に君主として欠けているものは、統治する国だけだ」と書いている者もいるほどだ。

彼は、古い軍制を廃して新しい軍隊を整備し、古い交友関係を捨てて新しい関係を築いた。こうして手に入れた盟友と兵士を土台として、思うがままに新しい政体をつくりあげることができた。

君主の座に就くまでは大変だったが、それを保持するにはほとんど苦労しなくてすんだのである。

第7章

偶然、上に立った者

【原題】他人の武力や運によって手に入れた新しい君主国

ただ運に恵まれただけで君主になった人たちは、労せずに君主の座に就いたとしても、それを保持するには大変な苦労をする。

君主の座にまさしく「飛んできて」しまったので、途中で障害にぶつかることはなかった。ところが、君主の座に就いたとたんにありとあらゆる困難に襲われる。

金銭を用いたり他人の厚意によって国を譲られた者も同じだ。たとえば、ダレイオス王が自分の身の安全と栄光のために、その手で君主に祭りあげた者たちがその例だ。すなわち、ギリシアのイオニアやヘレスポントスの都市国家を任せられた人たちだ。

また、兵士たちを買収して支配者の座に就いたローマ皇帝たちにも同じことがいえる。


こうした者たちは、支配権を譲ってくれた人物の意志と運に恵まれただけなのだが、**意志も運もとても移り気で変わりやすく、不安定**である。

彼らはそもそも一介の市民にすぎなかったので、よほどの天才であるかよほど手腕がないかぎり、人々にどう命令を下していいかわからず、君主の地位を維持する術を知らない。また、自分の味方として忠誠を誓ってくれる兵士たちもいないので、地位を維持する力もない。

そのうえ、**にわかにつくりあげられた国は、生まれるとすぐに成長してしまう植物と同じように、しっかりと根を張ることができないので、最初の悪天候に耐えられない。**

いきなり君主の座に就いた者は、よほどの手腕がないかぎり、運によって自分の懐にころがりこんできたものをもちつづける用意もできておらず、これまで先人が築き上げてきた土台をどうしていいかもわからないであろう。

新しいリーダーの最高の手本

ここで、力量によって君主になる、あるいは運によって君主になるという2つの方法について、記憶に新しい2つの例を紹介したい。フランチェスコ・スフォルツァとチェーザレ・ボルジアである。

フランチェスコは、適切な手段とみごとな手腕によって一介の市民からミラノ公になった。ミラノを手に入れるには多くの苦難があったが、それを維持するのは容易だった。

一方、民衆からヴァレンティーノ公と呼ばれたチェーザレ・ボルジアは、父親の運のおかげで国を手に入れたが、その運に見放されて国を失った。だが、彼は、他人の武力や運によってころがりこんできた領土に根を下ろすために、思慮にあふれすぐれた手腕をもつ人物として、行うべきことをすべて行った。

というのも、先ほど述べたように、あらかじめ土台をつくりあげていない者でも、大きな手腕があればあとから土台を築くことができる。ただし、土台づくりには苦労し、その上に建てられたものには危険がつきまとうだろう。

ここで、ヴァレンティーノ公がとってきた行動をつぶさに見れば、彼が将来の権力に備えて堅固な土台を築いたことがわかるだろう。これこそ論ずるに値することである。

なぜなら、**新しい君主にとっては、ヴァレンティーノ公ほどすぐれた手本はないからだ。**彼が講じたさまざまな措置が実を結ばなかったとしても、それは彼の落ち度ではなく、とてつもない運の悪さのせいである。

味方の「翻意」の感じ方

ところで、教皇アレクサンデル6世が息子のヴァレンティーノ公を偉大な存在にしようとしたとき、その時点ですでに、そして将来を考えてもたくさんの問題があった。

まずは、教会の領土以外で息子を君主にできるような道はどこにもなかった。もともとローマ教会の領土だった土地を奪取しようと企《くわだ》てようものなら、ミラノ公やヴェネツィア人がそれを認めるはずがない。実際に、ファエンツァとリミニはすでにヴェネツィアの庇護のもとに置かれていた。

さらに、イタリアの兵力、ことにアレクサンデルが利用できそうな兵士たちは、教皇が強大になることを恐れている人々の手のなかにあるので、信用できないこともわかっていた。実際、兵力のすべてはオルシーニ家とコロンナ家、あるいは彼らの息のかかった者たちに握られていた。

そこで、こうした政情を撹乱し、それらの国を混乱に陥れることによって、その一部を確実に自分の支配下に置くことが必要だった。

難しいことではなかった。ヴェネツィア人は、別の理由からフランス軍をふたたびイタリアに引き入れようと企《たくら》んでいたからだ。そこで教皇は、フランス軍の進出に反対しなかっただけでなく、ルイ王の古い婚姻関係の解消を認めて、その侵攻がよりスムーズに運ぶようにした。

かくして、フランス王ルイは、ヴェネツィアの支援と教皇アレクサンデルの同意のもとに、イタリアに侵入した。ルイがミラノに進むと、教皇はすぐに彼から兵を借り、ロマーニャ地方［イタリア北東部］を攻略した。この攻略は、フランス王の威信のおかげで成功したのである。

こうして、ヴァレンティーノ公はロマーニャ地方を手に入れ、コロンナ家を打ち負かし、ロマーニャを支配しつつ、さらに先に進もうとした。ところが、その行く手には2つの障害が横たわっていた。一つは、軍の兵士たちが自分に忠実でないように思えたこと、もう一つはフランス王の真意がわからないことだ。これまで重用してきたオルシーニ派の傭兵隊がヴァレンティーノ公の命令に背いて征服を妨げるばかりか、占領地をかすめ取るのではないかという疑いが起こったのだ。フランス王も同じことをしかねなかった。

オルシーニ家については、ファエンツァ占領の直後にボローニャを攻撃したときに、それが見てとれた。攻撃に際して、オルシーニの兵士たちがいかにも冷ややかな態度だったからだ。

ルイについては、ウルビーノ公国を奪ってトスカーナ地方を攻撃したときに本心が見えた。ルイがその企てを思いとどまらせようとしたからだ。
そこで、ヴァレンティーノ公は、今後は他人の武力や運に頼るまいと決意した。

人は「断行」に心を寄せる

手始めに、オルシーニ家とコロンナ家両派のローマでの勢力を弱めることにした。両家に加担していた貴族を自分の側につけ、多額の報酬を与えて手なずけ、それぞれの能力に応じて軍事や行政の任務を与えて厚遇したのだ。するとと、数か月も経たないうちに、彼らの心はそれぞれの党派から離れ、すべてヴァレンティーノ公に向けられるようになった。

次にコロンナ家の要人たちを離散させると、今度はオルシーニ家の重要人物を消す機会をうかがった。

やがて絶好のチャンスが訪れ、公は巧みにその機会を利用した。というのも、公や教会の勢力の増大がいずれ自分たちを滅ぼすだろうと遅まきながら気づいたオルシーニ家の人たちが、ペルージャ領内のマッジョーネで会合を開いたからだ。

その会の結果、ウルビーノの反乱やロマーニャの擾乱《じょうらん》が起き、数知れぬ危険が降りかかったが、ヴァレンティーノ公はフランス軍の支援のもとにどんな災難も切り抜けた。


やがて、ふたたび評判を取り戻したヴァレンティーノ公は、フランスをはじめ外国の武力を当てにするのをやめ、そうした兵力が自分の身を危険にさらすことがないようにと策謀をめぐらせた。

公はじつに巧みに本心を隠したので、オルシーニ家は領主パオロを介して和解を申し込んできた。そこで、公はパオロに金銭や衣服や馬を贈って歓心を買い、相手を油断させた。

ついに、単純なオルシーニの人々は、シニガッリアでヴァレンティーノ公の術中にはまった。

こうしてオルシーニ家とコロンナ家のリーダーたちを抹殺し、その党派の者たちを味方につけると、公は、ウルビーノ公国はもとよりロマーニャ全域を手に入れ、自らの権力の基礎固めをした。とくにロマーニャの人々の心をつかんだ公は、彼らが早くも幸福を感じているようだったので、立派な味方を得たと感じた。

ヴァレンティーノ公のここまでの経緯は注目に値し、模範にすべきである。

ロマーニャ地方を手に入れたヴァレンティーノ公は、この地方が長年、無能な領主たちの思うままになっていたと知る。

彼らは、領民を正しく治めるどころか、むしろ領民のものを略奪し、領民を結束させるどころか分裂の種をまいた。そのため、この地方では、盗みや喧嘩をはじめ、ありとあらゆる無法がまかり通っていた。

公は、この地に平和をもたらし、君主に従わせるためには、よい政治を行うことが必要だと考えた。

そこで、ラミーロ・デ・ロルカという冷酷で決断力のある人物に全権を与え、その任に当たらせた。ラミーロはあっという間に、この地方に平和を取り戻して統一を果たし、名声を博した。

するとヴァレンティーノ公は、民衆の反感を買うことを恐れ、ラミーロにそこまで大きな権限をもたせるのはよくないだろうと考えた。そして、領内の中央に裁判所を設置して、きわめて有能な裁判官を任命し、各都市がそれぞれの弁護人を置けるようにした。

さらに、これまでの厳しい統治が自分に対する憎しみを生み出しているとわかるや、そうした民衆の気持ちを払拭させて彼らを味方につけるため、「これまで残忍な措置がとられていたとしたら、それは公自身のせいではなく地方長官ラミーロの冷酷さのせいだ」と思わせようとした。

その機会を待っていた公は、ある朝、チェゼーナの町の広場でラミーロを真っ二つに斬ってさらしものとし、そのかたわらに板と血まみれの刀を置いた。

この凄惨な光景に、民衆は愕然としながらも、満足感を抱いた。

足をすくうのは「思いがけない現実」

ここで本題に戻ろう。

いまやヴァレンティーノ公の権力は強大であり、思いのままに兵力を固め、敵対する恐れのある近隣の軍隊をほぼ滅ぼしたことで、当面の危機を切り抜けていた。

さらに領土拡大を進めようとすれば、残る気がかりはフランス王だけだった。というのも、ルイ12世は遅まきながら自分の過ちに気づいていたので、これ以上領土を獲得しようとしてもルイからの支持は得られないとヴァレンティーノ公はわかっていたからだ。

そこでヴァレンティーノ公は、フランスとの新たな友好関係を模索しはじめ、ナポリ王国を目ざして進撃中のフランスに対して曖昧な態度をとることにした。フランス軍は、ガエータを包囲していたスペイン軍と一戦を交えようとしていたのだ。公の心は、フランス軍から自分自身を守ることにあった。

以上が、当面の問題に対してヴァレンティーノ公がとった政策だ。

だが、将来について彼が何よりも不安だったのは、教会の新しい後継者が自分に対して友好的でなく、アレクサンデル教皇からもらったものをその後継者に奪われはしないかということだった。そこで彼は、4つの方法で身を守ろうとした。

第一に、新たな教皇につけいるすきを与えないために、自分が奪った領土の支配者たちの血統をすべて絶やしてしまうこと。

第二に、先に述べたように、ローマの貴族をみな手なずけて、彼らとともに教皇の力を抑え込むこと［ヴァレンティーノ公は、父である教皇すら手を出せないほどの権力をもっていた時期もあった］。

第三に、枢機卿会議をできるだけ自分の意のままになるようにすること。

第四に、自分一人の力で最初の攻撃に耐えられるように、現教皇が生きているうちに十分な支配力を獲得することである。

アレクサンデル教皇が死ぬまでに、このうちの3つはすでに実現していて、第四もほぼ達成しかかっていた。というのも、彼は奪い取った国々の領主たちを捕らえては殺し、生き延びた者はごくわずかだったからだ。

さらに、ローマの貴族を手なずけ、枢機卿会議についても大多数をおさえていた。新たな領土の獲得については、トスカーナの支配者になろうともくろみ、いち早くペルージャとピオンビーノを占領し、ピサを庇護下に置いていた。

そして、フランス軍はスペイン軍によってナポリ王国から追い払われた。両国とも公と友好関係を結ばざるをえず、フランスについてすでに不安を感じる必要がなくなっていたため、ヴァレンティーノ公はピサに襲いかかるはずだった。そうなれば、ルッカとシエーナも、敵対するフィレンツェ人（フィレンツェ共和国）に対する嫌悪感、あるいは恐怖心からすぐに降伏しただろう［敵対するフィレンツェ人に屈服するぐらいなら、ヴァレンティーノ公に屈したほうがまだましということ］。また、フィレンツェ人も対処のしようがなかっただろう。

そんなふうにすべてが成功していれば――アレクサンデル教皇の亡くなった年にもすべてを成し遂げていただろう――、ヴァレンティーノ公は、大いなる権力と名声をあわせもち、自らの力で立ち、もはや運や他人ではなく、自分の権力と手腕に頼っていただろう。

しかし、彼が剣を抜いてから5年後、アレクサンデルはこの世を去った。教皇の死後、確固たるものとしてヴァレンティーノ公に残されているのはロマーニャの領地だけで、ほかはすべて、敵対する二大強国、すなわちフランスとスペインにはさまれて宙に浮いたままだ。そのうえ、公自身が病に冒され瀕死の状態だった。

それにしても、ヴァレンティーノ公は驚くほどの気力と手腕のもち主で、どうすれば民衆を味方につけられるか、あるいは滅ぼせるかを知りつくしていた。あれほどの短期間で築いたにもかかわらずその土台はいたって堅固だったので、2つの強国の軍勢に脅かされていなかった。自身の健康が許せば、どんな困難をも乗り越えられたにちがいない。

彼の築いた土台がどれほど強固だったかについては、次のことからもわかるだろう。ロマーニャ地方は1か月以上も彼が再起するのを待っていた。ローマでは、半ば死にかけていたというのに彼の身は安全だった。また、バリオーニ家、ヴィテッリ家、オルシーニ家の連中がローマにやってきても、公に逆らって彼らの側につこうとする者はいなかった。

さらに、ヴァレンティーノ公は、望みどおりの人物を教皇にすることはできないまでも、自分の望まない者が教皇になることは阻止できたはずだ。したがってアレクサンデル教皇の死に際して、公が健康であったなら何もかもがうまく運んだであろう。

そして、ユリウス2世が新しい教皇に選ばれたあの日、公は私にこう言ったのだ。

「父が死んだときのことを考え、あらゆる対処をしておいた。だが、父が死んだときに自分も死にかけているとまでは、想像しなかった」

「厳格」であるとともに「慈悲深く」

こうして、公のすべての行動を振り返ると、私には非難することなどできない。それどころか、前述のように運や他人の力で権力を手にした君主が模範とすべき人物だと思う。

なぜなら、高い志と大きな勇気をもっていた彼がこれ以上の行動をとることは不可能だったからだ。教皇アレクサンデルの命の短さと彼自身の病気が、彼の計画を邪魔したのだ。

したがって、自らの新しい君主国において敵から身を守り味方を獲得し、力や謀《はかりごと》で勝利を収め、民衆から愛されるとともに恐れられ、兵士に慕われるとともに畏敬され、君主に危害に及ぼす者、あるいはその恐れのある者を抹殺し、旧制度を改革して新しい制度をつくり、厳格であるとともに慈悲深く、寛大で気前がよく、忠実でない軍隊を廃止して新たな軍隊を組織し、王や君主たちとは自らを好意的に支援してくれるように友好関係を築き、彼らを攻撃する際には慎重になる――。

こうしたことこそが、新しい君主国に必要不可欠であると思う者にとって、公の行動以上に生き生きと感じられる例はないだろう。


ただ一つ非難されるべきは、誤った選択をしてユリウスを教皇に就けたことだろう。なぜなら、ヴァレンティーノ公の立場であれば、望みどおりの教皇を選出できないにしても、望まない者が教皇の座に就くのは阻止できたはずだからだ。

彼がかつて虐げた枢機卿や、教皇になったら彼に恐れを抱くと思われる枢機卿のなかから教皇を選んではならなかった。というのも、**人間は恐怖心から、あるいは憎しみから危害を加えようとする**からだ。

彼がかつて虐げた者とは、サン・ピエーロ・アド・ヴィンクラ（のちの教皇ユリウス2世）やコロンナ、サン・ジョルジョ、アスカニオなどである。また、ほかの枢機卿も、教皇の座に就けば彼に恐れを抱くにちがいなかった。

ただ、ルーアンの枢機卿やスペイン出身の枢機卿だけは例外だった。前者はフランス王国という強い後ろ盾をもっていて、後者は同国人というつながりから恩義を受けていたために、ともに公を恐れていなかった。

だからこそ、ヴァレンティーノ公は、誰よりもスペイン人を教皇に立てるべきだった。それが無理なら、せめてルーアンの枢機卿の選出に賛成すべきだった。けっしてサン・ピエーロ・アド・ヴィンクラを認めてはならなかったのだ。

高い地位にある者の間で、新たに恩義を受ければ昔の恨みも水に流されるなどと思うのは大間違いだ。

公は、教皇を選出する際に間違いを犯し、それが自らの破滅の最終的な原因となったのである。

第8章

「非情」は一度に、一気に使う

【原題】邪悪で非道な手段によって君主の地位をつかんだ人々

一市民から君主になるには、ほかにも2つの方法がある。それらは、運とか力量とかに全面的に頼るものではないので、ここで触れておくべきだろう（その一つは、共和制についての章でさらに幅広く論じる）。

2つの方法とは、「なんらかの邪悪で非道な手段で君位にのぼった場合」と、「一市民がほかの市民の後押しで君主になる場合」である。

まず第一の方法について、古代と現代の2つの例を紹介するが、ここでは、その方法の功罪についてまで深入りするつもりはない。その方法をまねしたい者がいれば、実例を知るだけで十分だと思うからだ。

最底身分から王になったアガトクレス

シチリアのアガトクレスは、一介の市民から、しかも、最底辺の卑しい身分からシラクサの王に成り上がった。彼は、壺をつくる陶工の息子だったが、生涯を通じて非道な生き方を貫いた。

心身ともにタフだった彼は、軍隊に入るととんとん拍子に階級が上がり、シラクサの軍司令官になった。その地位が固まると、今度は君主になることを決意し、これまでは人々の同意にもとづいて与えられていた地位を、誰の恩義にも頼らず暴力によって獲得し、保持しようと決心した。

カルタゴ［現在のチュニジアあたり］のハミルカルが軍を率いてシチリアに攻めてきたときのことだ。アガトクレスは自らの計略をハミルカルに伝えて示し合わせ、ある朝、国政にかかわる審議があると思いこませて、シラクサの市民と元老院を招集した。そこで、合図を送り、配下の兵士たちに、元老院議員と富裕な市民を一人残らず殺害させた。こうして、市民の抵抗をまったく受けずに、この都市の君主の座に就いたのだ。

彼は、のちにカルタゴ軍に二度敗れ、ついには包囲されるが、自分の都市を防衛しただけでなく、兵士の一部に包囲網の守備を任せ、残りの兵士を率いてアフリカを攻撃した。

すぐにカルタゴ軍のシラクサ攻囲が解かれ、敵軍は窮地に陥った。その結果、カルタゴはアガトクレスと協定を結び、アフリカの領有だけで満足せざるをえなくなり、シチリアを彼の手にゆだねることになった。

この男の行動と生き方を見てみると、運に頼ることはなく、あったとしてもごくわずかだ。彼は誰からも援助を受けず、さまざまな困難や危険と戦いながら軍隊の階級を一歩一歩のぼりつめ、君位の座に到達した。その後も、危険を顧みないたくさんの決断によってその地位を保った。

とはいえ、同胞であるはずの市民を虐殺し、仲間を裏切り、信義や慈悲心や宗教心に欠けていることを「君主の徳」と呼ぶことはできないだろう。そうしたやり方で支配権を握ることはできても、栄光を手にすることはできない。

たしかに、アガトクレスが危険をものともせずに窮地を脱するときの手腕や、逆境に耐えてそれを克服する精神力については、どんなすぐれた指揮官にも劣ることはないだろう。

それでも、数かぎりない悪事や残虐さや非人間性を思えば、彼を傑出した英雄の一人として数えることはできない。

邪魔者を廃して君主になった例

現代に目を転じると、教皇アレクサンデル6世の治世にフェルモのオリヴェロットという人物の例がある。

彼は幼くして父をなくし、母方の叔父ジョヴァンニ・フォリアーニに育てられ、かなり若いうちにヴィテッリ家のパオロの部下として兵士となった。訓練を積んで、軍隊の高い階級にのぼりつめたいと思っていた。

その後、パオロが死ぬと、その弟ヴィテロッツォの配下となったが、才覚があり心身ともに強靭だったために、またたくまにその隊の重要人物となった。

だが、他人に仕えるのは屈辱的だと感じた彼は、祖国の独立より隷属をよしとする一部のフェルモ市民の支援を受け、さらにヴィテッリ家に助けられ、故郷フェルモを占領しようと考える。

そこで、叔父のジョヴァンニ・フォリアーニに次のような手紙を書いた。


「家を出てから長い年月が経っていますが、叔父上にもお目にかかりたいですし、故郷の町もこの目で見たいです。また自分が相続する財産がどれぐらいかも知っておきたいと思っています。これまで苦労してきたのは、できるだけ名を上げて、自分が無駄な時間を費やしてきたわけでないと故郷の人たちに知ってもらうためです。ですから、友人や部下を100騎引きつれて、堂々とフェルモに戻りたいと考えています。市民が丁重に歓迎してくれるように取りはからってはいただけないでしょうか。そうすれば私自身の名誉になるばかりか、私を養育してくれた叔父上の名誉にもなるのではないでしょうか」

すると、ジョヴァンニは、甥のためにぬかりなく手はずを整え、フェルモ市民に丁重に迎えられたオリヴェロットを自分の邸宅に泊めた。

オリヴェロットは、叔父の家で数日を過ごしながら、ひそかに悪事の準備を進め、ある日、盛大な宴を催して、叔父のジョヴァンニをはじめ、フェルモの町の有力な人物を全員招待した。やがて料理が食べつくされ、余興も一段落したころ、オリヴェロットは巧妙にも深刻な話を切り出した。

アレクサンデル教皇と息子チェーザレ・ボルジアがいかに力をもっているかについて、さらには二人が何を企てているかについて話したのだ。

その話題に乗ったジョヴァンニとほかの連中ががやがやと議論しだすと、オリヴェロットは席を立ち、「この手の話はもっと秘密の場所で話し合ったほうがいい」と言って一室に引きさがった。

ジョヴァンニと有力市民たちはぞろぞろとついていった。彼らがその部屋で席につくかつかないかのうちに、オリヴェロットの配下の兵士が躍り出て、ジョヴァンニをはじめ全員を殺してしまった。

暗殺を成し遂げると、オリヴェロットは馬にまたがって町中を駆けまわり、最高行政府の高官たちを建物に押し込めて包囲した。高官たちは恐怖のあまり、彼に服従し、新しい政府をつくることを強いられ、オリヴェロットはその君主となったのだ。

さらに彼は、自分に歯向かう恐れのある不満分子を残らず殺害し、新たに民事と軍事の制度を定めて、自分の立場を固めた。

それから1年もしないうちに、オリヴェロットはフェルモの町での地位を安定させたばかりか、近隣の国々からも恐れられる存在になった。

「残虐」は一度だけ使う

先に述べたように、チェーザレ・ボルジアがシニガッリアの地でオルシーニ家とヴィテッリ家の者たちを捕らえたときに、ボルジアにまんまとだまされることさえなければ、オリヴェロットもアガトクレスと同じように、その後、失脚せずにすんだだろう。

だが結局、親族殺しの1年後、オリヴェロットはシニガッリアの地で、かつて彼の手腕と悪行の両方の師であったヴィテロッツォとともに、縛り首にされたのだ。

「アガトクレスや同類の人たちは裏切りや残虐のかぎりを尽くしたというのに、自分の領土で長期にわたって平穏に暮らし、外敵を防ぎ、市民たちの間で反乱も起きなかったのはどうしてだろう?」と不思議に思う者もいるだろう。

というのも、ふつう支配者の多くは、残酷な行為に訴えると、不安定な戦時はもちろんのこと、平時でさえうまく支配を続けられないからだ。

その違いはどこから来るかというと、**残虐さがよく使われたか悪く使われたかによるもの**だと私は思う。

残虐さがよく使われるというのは——悪について「よく」などという言い方が許されればの話だが——、**自分の立場を守るために残虐さを一度だけ使い、その後はそうした行為をせずにできるかぎり臣民の利益を守る方向に転換する**場合を指す。

一方、悪く使うとは、残酷さを小出しにして、時とともにそれをやめるどころか、ますます激しくしていく場合である。

第一のやり方をすれば、アガトクレスのように神や民衆の助けが得られ適切な対策を講じることができるが、第二の場合には支配を維持できなくなる。

恩恵は「小出し」に施す

そこで留意すべきは、国を奪い取る者は、**どういう加害行為が必要かを十分検討したうえで一気に行わなければならない**という点だ。

そういう行為を繰り返さないことで民衆を安心させ、恩恵を施して民衆を味方につけなければならない。臆病風に吹かれたり、誤った判断をしたりして、逆のことをしてしまったが最後、つねに手から剣が離せなくなるだろう。

臣下は、日々絶え間なく迫害を受けるので君主に対して安心感がもてなくなり、君主のほうも臣下に頼れなくなる。

要するに、迫害は一気にやってしまうことで、人々にそれほどの苦痛を与えず、そこまで大きな恨みを買わずにすむ。反対に、**恩恵を与えるときには、人々にそれをよく味わってもらうために小出しにしたほうがいい。**

また、君主は何より自分の臣下と生活をともにし、よいことであれ悪いことであれ、なんらかの突発的な事態が起きたとき、いつもと変わらぬ行動をとらなければならない。

逆風が吹いたからといって急に悪事に訴えようとしても間に合わず、そうなってから恩恵を施したとしても、やむなくしているとしか見られないので、誰からも感謝されなくなるからである。

第9章

「後押し」で人の上に立ったとき

【原題】市民型の君主国

次に、一市民が、極悪非道な許しがたい暴力によってではなく、もう一つのやり方、ほかの市民の後押しによって君主になる場合を見てみよう。

これは、「市民型の君主国」ということもでき、ここで必要になるのは大いなる力量や好運ではなく、チャンスを利用する狡猾さだ。

さらに、民衆に支持されて君主になる場合［一般的な立場の人に支持される場合］と貴族の支持によって君位に就く場合［高い身分の人に支持される場合］がある。どの都市にも、この2つの異なる勢力があり、**民衆は貴族から命令されたり抑圧されたりすることを嫌い、貴族の側は民衆に命令し抑圧**

しようと望む。

こうした両者の欲求の違いに応じて、都市では、君主政体、自由、無秩序のどれかが生まれる。

敵にまわすなら「民衆」より「貴族」

君主政体は、民衆か貴族のどちらかがチャンスをつかんだことによってつくりだされるものである。

貴族たちは、民衆に対抗できなくなったと判断すると、自分たちのなかの一人に名声を集めて君主に仕立て、その人物の背後で自分の欲望を満たそうとする。

一方、民衆の側も、貴族に抵抗できないとわかると一人の市民の評判を高め、その人物を君主に祭りあげ、その権力にわが身を守ってもらおうとする。

貴族の支援を受けて君主の地位に就いた者は民衆によって君主になった者に比べ、その地位を維持するのがはるかに難しい。貴族の支持で仕立てあげられた君主は、そもそも君主になった人物は自分と対等だと思いこむ者たちに取り囲まれるので、そういう人たちに対して命令したり、思いのままに操ったりできないからだ。

それに対して、民衆に祭りあげられた君主は、独裁的な地位にあり、周囲に服従しない者がまったく存在しない、あるいは、存在してもごく少数である。

そのうえ、貴族たちの欲求は、正義によってではなく、民衆を虐げることでしか満足させられない。だが、民衆の欲求を満たすことは十分に可能である。貴族の望みは抑圧することにあり、民衆のほうは抑圧されないことを願っているので、民衆の目的は貴族の目的より正義にかなっているのだ。

さらに、**民衆は数が多いので民衆を敵にすると安泰ではないが、相手が貴族なら少数なので通常は安心していられる。**

民衆を敵にまわした君主は、最悪の場合、民衆から見放される。

だが、貴族を敵にまわした君主は、最悪を想定した場合、見放されるだけでなく反抗される可能性もあることには注意が必要である。というのは、貴族はより先を見通そうとし、狡猾さゆえにつねに保身に走り、勝ち目のある側に取り入ろうとするからだ。

こう考えると、君主は、つねに同じ民衆とともに生きていくべきであるが、貴族の顔ぶれが変わったとしてもうまくやっていけるだろう。君主は、日々、貴族をつくりだすこともつぶすことも、さらには自分の意のままに彼らに権威を与えることも彼らから権威を奪うこともできるからである。

「民衆の支持」に心を砕く

この点をより明らかにするために、貴族を支配する2通りのやり方を考えよう。すなわち、あなたの運命に左右されるように貴族を統治する方法と、そうしない方法だ。

あなたと運命をともにしながらも、強欲でない者には、名誉を与えて目をかけてやらなければならない。

そうでない貴族に対しては、とるべき態度は2つある。

一つは、小心者で生来の意気地なしではあるが思慮深い貴族の場合には、最大限に活用すべきである。なぜなら、そうしておけば、あなたが順風なときには彼らを尊重すればよく、たとえあなたが逆境に陥っても彼らを恐れる必要はないからだ。

また、悪意や野心のためにあなたについてこようとしない者がいたら、それは、あなたのことより自分自身のことを考えている証拠である。君主たる者、そういう連中を警戒し、公然の敵とみなして恐れなくてはならない。なぜなら、彼らは君主が逆境に陥ったとたん、君主を破滅させることに加担するからだ。

したがって、民衆の支持によって君主となった者は、つねに民衆を味方につけておかなくてはならない。もっとも、民衆は抑圧されないことだけを求めているので、味方につけることは難しくない。

一方、**貴族の後押しによって民衆の意志に反して君主になった者は、何よりまず、民衆の心をつかまなければならない。**それは、民衆を守ってやりさえすれば容易にできる。**人間というものは、危害を加えられると思っていた人から恩恵を受けると、いっそうの恩義を感じる**ものである。

つまり、自分たちが支持して君主の座に就いた者に対してより、そうでない君主に対してのほうが好意的になるのだ。**君主は民衆を味方につけなければならず、そうでないと、逆境に陥ったときになす術がなくなる**と結論できるだろう。

スパルタの王ナビスは、勝ちつづけているローマ軍とギリシア軍の包囲攻撃に耐え、祖国とその領土を守った。たとえ危機に見舞われても、ほんのわずかな者から身を守るだけでよかった。だがもし、ナビスが民衆を敵にまわしていたら、それだけではすまなかっただろう。

「平時の言葉」を信用しない

私のこの意見に対して、「民衆に基礎を置くことは泥の上に基礎を築いているようなもの」という陳腐なことわざを引き合いに出して反論されないことを願う。

たしかに、一介の市民が敵や高官に抑圧されたとき、自分と同じ民衆の力を当てにして、彼らこそが自分を救ってくれると思いこむと、このことわざどおりになる［民衆が民衆を頼るパターン」。たとえば、ローマのグラックス兄弟やフィレンツェのジョルジョ・スカーリのように民衆に欺かれることはしばしばある。

しかし、君主が民衆に基礎を置き、しかも命令を下すことができ、勇気があり、逆境にあってもあわてふためくことなく準備を怠らず、勇猛果敢に民衆を鼓舞するならば、けっして民衆に欺かれることはなく、その基礎が揺るぎないものになる。

しかし、こうした君主国が、市民による制度を廃して絶対的権力をもとうとしたとたん、危険に襲われることも書き記さねばなるまい。

君主は自ら国を統治している、あるいは行政官僚を通して統治しているものだが、後者にあっては、君主政権は弱く危険に満ちている。そこでは、君主のほうが、執政官に任命された者たちの意志に全面的に牛耳られてしまう。

しかもその者たちは、とくに逆境ともなれば、君主に反抗するか命令に背くかして、やすやすと君主から支配権を奪い取る。

君主は、危機に瀕してから絶対的権力をふるおうとしても間に合わない。というのは、これまで長官の命令に従うことに慣れている市民や臣下たちは、非常事態に直面しても、君主の命令に従わないからだ。

したがって、いざというときに君主が信頼できる人間は、きわめて少ない。

そこで、このような君主は、**市民が君主を必要とした平時のときのようすだけで人間を信用してはならない**。

なぜなら、死ぬ危険がほとんどない場合には、誰もが君主のもとに馳せ参じたり約束したりしてくれるからだ。

死がはるか遠くにあるときには、誰もが「君主のために死ぬ覚悟がある」と言ってくれる。ところが、風向きが変わって、君主が実際に市民を必要としたときには、そんな人物はめったに現れない。そもそも、そういう経験をすること自体が危険きわまりなく一度しか味わえないものだろう。

したがって、**賢明な君主は、いついかなる状況でも、市民たちにいまの君主と政権がぜひとも必要だと感じさせるような方策を立てる**ものである。そうすれば、市民はいつまでも忠誠を尽くしてくれるだろう。

第10章

「自力のある集団」をつくるには

原題　君主国の戦力をどのように評価するか

このような君主国の性質を検討するには、別の観点が必要である。何か起きたときに君主が自力でもちこたえられる国か、あるいは第三者の支援が必要になる国かという観点だ。

さらに詳しくいえば、**自力でもちこたえられる国とは、豊富な財力や人材によって適切な軍隊を備え、どんな侵略者とも一戦を交えることができる国**だ。

反対に、つねに第三者を必要とする国とは、戦場に出て敵と対峙することができず、城壁のなかに引きこもって防御する国を指す。

倒れない強い組織の「内側」

第一の場合については、すでに論じたし、このあとも触れることになるだろう。

第二の場合に関しては、ただ以下のことだけを助言したい。そういう国の君主は、ひたすら自分の都市の守りを強化し、城壁の外についてはまったく気にかけないほうがいい。

都市の防衛をしっかりさせたら、あとは、先に述べたように（あとにも述べるが）、臣下への措置を講じておく。そうすれば、攻めるほうは慎重にならざるをえない。なぜなら、人間は、困難が目に見えているような企てについては、つねに尻ごみするからだ。まして防備が行き届き、民衆の恨みも買っていない支配者を攻め落とすことなど簡単ではないと思うだろう。

ドイツの諸都市はきわめて独立しており、周辺に属領をもっていない。必要と判断すれば皇帝に従うが、そもそも皇帝や近隣の権力者たちをまったく恐れていない。それらの都市は堅固な城塞で守られていて、よほど苦労しないと征服できないと誰もが思うからだ。

実際、それらの都市は、しかるべき堀や城壁を備え、大砲も十分に備えている。公共の倉庫には1年分の飲料水、食糧、燃料が蓄えられている。

さらに、下層階級の者たちが食べていけるように、しかも国庫に負担がかからないように、1年間はつねに、その者たちに仕事が与えられる。そうした仕事のなかにこそ都市の活力や生命力が宿っており、しかも下層の人々の日々の糧となっている。

さらに、軍事訓練を重視し、数々の規則を設けて、実践もしている。


要するに、堅固な城壁で囲まれた都市をもち、しかも民衆から憎まれていない君主は、攻撃されることがない。万一攻撃されたとしても、侵略者にとって不名誉な結果になるだけだろう。

というのも、世の出来事は変化しやすいので、軍隊を引きつれて1年間も包囲を続けるなど不可能だからだ。

人は恩に「義務」を感じる

それでも、城外に私的財産をもっている人たちは、私財が焼け落ちるのを黙ってみていられず、長期にわたる籠城生活と私欲から君主のことなどすっかり忘れてしまうのではないかと反論する者もいるかもしれない。

だが、勇敢で強い君主であれば、こうした災いは長く続くものではないと臣下に希望をもたせ、時には敵の残虐性に対する恐怖心をあおり、またあるときは無謀なことをする部下たちを巧みに退けることで、難局を乗り越えていくはずだ。

そのほかにも、敵軍はこちらの都市のなかに達するとすぐ、当然のことのように村落を燃やしたり壊したりするが、その時点では、市民はまだ血気盛んで積極的に防衛を行う。したがって、君主は恐れる必要はない。

だがしばらくして、市民の士気がやや下がるころには、すでに痛手を受け、災いがもたらされて、もはや手の施しようがなくなっている。そうなると、人々はますます君主と一体化する。君主を守ろうとしたために自分たちの家が焼かれ、自分たちは財産を失ったのだから、君主はさぞや自分たちに恩義を感じてくれているだろうと思うからだ。

人間というものは、受けた恩恵に対しても施した恩恵に対しても、義務を感じるものだ。そう考えていくと、思慮深い君主が敵に包囲されたときには、食糧と防衛手段さえ欠かさなければ、市民たちに士気をもちつづけさせることはさほど難しくないだろう。

第11章 考え方が「同質」の集団

【原題】教会君主国

残るは、教会君主国について論じるだけである。

こうした国では、国を手に入れるまでにすべての困難がある。だが、力量か運によって国さえ手に入れてしまえば、それを維持するためにはもはやそのどちらも必要としない。

教会君主国では、宗教に根ざした伝統的で強固な制度に支えられているために、君主がどんな行動をとろうが、どんな生活をしようが君主の座は揺るがない。つまり君主は防衛する必要がなく、臣民を統治する必要がないのだ。

防衛が手薄でも国土が奪われる恐れはなく、臣民もどんなふうに統治されているのかという治め方に関心をもたない。君主から離反しようとは考えもしないし、実際離反などできない。

したがって、教会君主国は唯一、安泰で幸福だといえる。


そうした国は、人知の及ばぬ高遠な根拠に支えられているのだから、ここではこれ以上は論じないようにしよう。神によって建設され、神によって維持されている国についてとやかく言うのは傲慢で思いあがったことである。

だがもし、世俗において教会の権力がここまで強大になったのはなぜかと問う者がいるのなら、すでに周知のこととはいえ、その経緯をいま一度思い起こすのも無駄ではないだろう。

実際、アレクサンデルが教皇になるまでは、イタリアの権力者たち、すなわち列強と呼ばれていた君侯だけでなく、弱小な封建貴族や取るに足らない領主までもが、教会の世俗における権力をほとんど恐れていなかった。

ところがいまやローマ教会は、フランス国王を震えあがらせ、フランスをイタリアから追い払い、ヴェネツィア共和国を破滅させるほど強くなっている。

二大不安
――「外からの侵入」と「内側の拡大」

フランスの王シャルルがイタリアに南下してくるまで、イタリアは、教皇、ヴェネツィア人、ナポリ王、ミラノ公、フィレンツェ人によって支配されていた。

イタリア半島内のこれら強国には、当時、主に2つの不安があった。

一つは、「外国から誰かが武力によって侵入してくるのではないか」という不安、もう一つは、「自分たちのうちの誰かが領土を拡大しようとするのではないか」という不安だ。

各列強にもっとも恐れられたのは、教皇とヴェネツィアだった。ヴェネツィアを抑えるためには、フェラーラ防衛のときのように、ほかの国々が結束しなければならなかった。

一方、教皇を弱体化するにはローマの封建貴族［教皇を輩出する場合もあれば、教皇の権威に服さない場合もあった］が利用された。

彼らはオルシーニ家とコロンナ家の2つの派に分裂していて、絶えず紛争を起こし、教皇の面前でも武器を手にして争った。その結果、教皇権力は弱体化され、不安定なものになっていた。

時にはシクストゥス4世のような勇敢な教皇も出現したが、時の運も彼の英知も、こうした難題を払いのけることはできなかった。教皇が短命であることがその原因だった。

教皇の在位期間は、平均して10年。その間、両派のどちらかを打ち倒すのがやっとだった。たとえば、ある教皇がコロンナ家をほぼ滅ぼしても、次にオルシーニ家の敵側、つまりコロンナ派の教皇が出てきて、コロンナ家をよみがえらせてしまう。かといって、その人物もオルシーニ家を完璧にやっつけるほどの時間がない。

このために、イタリアでは教皇の世俗権力はあまり重視されてこなかったのだ。

私欲は見せるな。「大志」に人心は集まる

やがてアレクサンデル6世が即位すると、彼は、財力と武力をもつ教皇がどれほど

の権力を手にできるかを、これまでのどんな教皇よりもはっきりと示した。

彼は、息子のヴァレンティーノ公を操り、フランスの南下を絶好の機会ととらえて、先にヴァレンティーノ公の行動について述べたことをすべてやり遂げたのだ。

教皇の狙いは、ローマ教会を強大にすることではなく、ヴァレンティーノ公の勢力を強化することにあったのだが、結果的にローマ教会の隆盛をもたらした。教皇が死に、ヴァレンティーノ公も滅びると、アレクサンデルの苦労の成果を受け継いだのは、ローマ教会そのものだった。


その後にユリウス2世が教皇となったが、そのときすでに彼はロマーニャ全域を手に入れており、ローマの封建貴族は根絶やしにされ、オルシーニ家とコロンナ家の両派もアレクサンデルに制圧されていたので、教会は強大な存在になっていた。

そのうえユリウスは、アレクサンデルの時代に初めて登場した聖職売買という新たな蓄財手段を用いることができた。

ユリウスはその手段をさらに推し進めて、ボローニャを手に入れ、ヴェネツィアをつぶし、イタリアからフランス軍を追い払おうと考えた。

そうした企てはことごとく成功し、しかもすべてユリウスの私腹を肥やすためではなく教会の勢力を拡張するためであったことから、彼はいっそう称賛を集めた。

オルシーニ家とコロンナ家の両派については、当時すでに弱体化されていたが、ユリウスはその状態を保つことができた。

両派のなかには、紛争を起こしかねないリーダーたちがいたことはいたのだが、2つの事態が彼らを押しとどめさせた。

一つは、教会の権力があまりに強大だったために彼らは怖気づいた。

もう一つは、彼らのなかから枢機卿が出なかったことである。枢機卿がいれば、紛争の火つけ役となるので、どんな場合でも彼らもおとなしくしていなかったはずだ。

枢機卿たちがローマの内外でそれぞれの党派をつくりあげるので、封建貴族はいずれかの党派を支援せざるをえない。したがって、高位の聖職者の野心がもとになって、封建貴族たちの間に不和や騒乱が生まれるのである。

こうした経緯から、レオ教皇猊下［『君主論』執筆時のローマ教皇］は、いまのような、きわめて強大な教皇の座に就いておられる。

　これまでの教皇は、武力によって教会を強大なものにしてきたが、猊下におかれては、善良さとかぎりない徳によって教会を偉大で崇高な存在になされることを望む次第である。

第12章 「外部」に頼るあやうさ

【原題】武力の種類と傭兵について

さまざまな性質の君主政体について、それぞれの善悪の原因も、さらに君主たちが国家を手に入れ、それを保持してきた手段についてもすでに示してきた。

そこで次に、どんな政体でも必要になる攻撃と防衛について見ていこう。

君主にとってしっかりした土台をもつことがいかに大切かはすでに述べたとおりである。土台がなければ破滅の道をたどるだけだ。

さて、新しい国であれ、古くからある国であれ、あるいは新旧混合の国であれ、すべての重要な基盤となるのは「よい法律」と「すぐれた軍隊」である。すぐれた軍隊のないところによい法律はなく、よい軍隊があるところによい法律がある。

そこで、ここでは法律について論じることは省き、軍隊について語ることにしよう。

「傭兵」は内弁慶。敵の前では臆病

君主が国を守るための軍隊は、自国軍、傭兵軍、外国からの援軍、あるいは混成軍のいずれかだ。

傭兵軍と外国からの援軍は役に立たず、危険である。傭兵軍を頼りにして国家を築いても、安定しないどころか安全も確保できないだろう。

というのも、**傭兵は野心に満ち、規律を欠き、信頼できず、味方のなかでは勇敢に見えるが敵の前では臆病になり、神を恐れず、人間に対しては不誠実**だからだ。傭兵の場合には、たんに攻撃を引き延ばしている間だけ敗北が引き延ばされているにすぎない。

したがって、**君主は、平時においては傭兵に、戦時にあっては敵にはく奪されてしまうのだ。**そもそも、傭兵にとっては、給料を受け取るため以外に、戦場にとどまる動機も愛着もまったくない。その給料の額たるや、あなたのために生命を投げ出すにはあまりに少ないのだ。

君主が戦争をしないうちは兵として仕えようとするが、いざ戦争になると、戦線から逃げ出すか、どこかにいなくなるかのどちらかだろう。

これは、今日のイタリアの没落が、長年にわたって傭兵軍に頼り切っていた結果であることを見れば明らかだろう。傭兵軍も何人かの指揮官によってそれなりの成果をあげたが、勇敢に見えるのは仲間内にいるときだけで、外国軍がやってきたとたんに化けの皮がはがれてしまった。こうして、フランスのシャルル王は、実際に戦うことなく、チョーク一本で印をつけるだけで、イタリアをまんまと占領した。

その原因はわれわれイタリア人の過ちにあると言った者がいるが、そのとおりだ。ただし、過ちはその者が信じているところにはなく、君主にあった。だからこそ、罰を受けたのも君主だったのだ。

上に立つ者は「現場」に赴け

傭兵による軍隊がいかに役に立たないかをさらに説明しよう。

傭兵隊長には、軍事に長けている人物もいれば、そうでない人物もいる。前者であれば、信頼するわけにはいかない。なぜなら、彼らは雇い主の君主を圧迫したり、君主の意志に背いて別の勢力まで制圧したりして、自分の力を誇示しようとするからだ。

かといって有能でない傭兵隊長であれば、君主は破滅に追い込まれる。

ここで、傭兵であろうとなかろうと武力をもったものはそういうことをするものだと反論する者がいるならば、君主や共和国はどんなふうに軍隊を用いるべきかについて述べることで、その答えとしたい。

すなわち、**君主は戦場に赴いて指揮官となるべき**であり、共和国においてはその国の市民を兵士として派遣すべきである。そして、派遣された市民が有能でないとわかったらすぐに、ほかの市民と交代させなければならない。有能なときには、その任務を逸脱しないように法律で拘束しなければならない。

経験的に、武力を備えた君主および共和国だけが大きな発展を遂げたが、傭兵軍は損害しかもたらさなかったといえる。

そして、自国軍をもっている共和国のほうが、外国人部隊で武装している場合より、誰か一人の市民［たとえば僭主（身分を超えて君主となる者）のような支配者］の言いなりになる危険性は少ない。たとえば、ローマとスパルタは、何世紀にもわたって軍備を整え、独立を守ってきた。スイス人も強い軍隊をもち、完全に自由である。

古代の傭兵軍としては、カルタゴが挙げられる。

ローマとの第一次戦争が終わったとき、カルタゴは自分たちの市民を指揮官にしていたにもかかわらず、傭兵に制圧されそうになった。

マケドニアのフィリッポスは、エパメイノンダスの死後、テーバイ人によって指揮官となったが、戦いで勝利を収めるとテーバイ人から自由を奪ってしまった。

ミラノ人は、フィリッポ公［フィリッポ・マリーア・ヴィスコンティ］の死後、フランチェスコ・スフォルツァを雇って、ヴェネツィアを攻略させた。するとスフォルツァは、カラヴァジョで敵を破ってから、雇い主のミラノ人を制圧するために、今度は敵だったヴェネツィア人と手を組んだ。

スフォルツァの父も初めはナポリ女王ジョヴァンナの傭兵隊長だったが、突然女王を見放して無防備な状態に陥れた。そのため女王は、王国を奪われまいと、アラゴン王の膝下に身をゆだねざるをえなかったのだ。

だが、ヴェネツィアもフィレンツェも、それまで傭兵を利用して支配圏を拡大し、しかも傭兵隊長は自らが君位に就くこともなくしっかりと国を守ってきたではないかと反論する者がいれば、私はこう答えよう。

フィレンツェ人は、ただ幸運だっただけだ。武力に秀でた傭兵隊長もいるにはいたが、ある者は勝利を収めるところまでいかず、ある者はライバルに阻止され、さらにある者はその野心を別のところに向けた。

勝利を収めるにいたらなかった例は、ジョン・ホークウッド［イングランド出身の傭兵隊長］だ。彼は勝利しなかったので、実際どれぐらい雇い主への忠誠心があったのかは、いまとなってはわからない。だが、もし勝っていたら、フィレンツェ人は彼の意のままになっていただろう。

膨大な時間をかけ手にしたものを「瞬時」になくす怖さ

もう一つ、つい最近起きた例を挙げてみよう。

フィレンツェは、一市民の境遇から身を起こして大いに名声を得た賢明な人物、パオロ・ヴィテッリを傭兵隊長に任命した。

彼がもしピサを征服していたら、フィレンツェは彼を傭兵隊長の職のままにしておかなければならなかっただろう。というのも、万一彼が敵の傭兵隊長になったら勝ち目がないからだ。とはいえ、手もとに置いておけば、フィレンツェ人は彼に服従せざるをえなかっただろう。

ヴェネツィアについては、この国が発展してきた経過を見ると、自らの軍隊で戦っている間は着々と華々しい戦果をあげていた。つまり、軍事作戦が内陸部に向かうまでは、貴族も平民も誰もが武装して勇敢に戦った。

だが、内陸で戦いをしかけるようになったとたんに、こうした勇敢な気風を失い、イタリアの戦争の常道を歩むようになった。それでも、内陸に向けて勢力を拡大しはじめたころは、それほどの領土をもっておらず、国の名声も高かったために、自分たちの傭兵隊長をさほど恐れずにすんでいた。

ところが、フランチェスコ・ブッソーネ・ダ・カルマニョーラ［通称カルマニョーラ伯爵］の指揮のもとに領土を拡大するにつれて、その方策が誤りであったことを思い知らされる。なぜなら、カルマニョーラが統率してミラノ公を打ち破ったとき、ヴェネツィア人は彼がいかにすぐれた手腕をもっているかを知ったのだが、そのときには彼はもう戦争に熱意をもっていなかったからだ。

つまり、彼を傭兵隊長にしていても、この先勝ち目はない。とはいえ、彼を解雇すれば、せっかく奪ったものをふたたび失うことになってしまう。

そこで、ヴェネツィア人は、自分たちの身の安全をはかるためにやむなく彼を殺害した。

その後、ヴェネツィアは、傭兵隊長にバルトロメオ・ダ・ベルガモ、ロベルト・ダ・サン・セヴェリーノ、ピティリアーノ伯などを雇ったが、彼らの指揮のもとでは、新しい領土の獲得どころか、むしろ失うことを心配しなければならなかった。

実際ヴェネツィアは、のちにヴァイラで、800年もかけて苦労して手に入れたものをたった1日で失うことになる。

つまり、**この手の傭兵隊が手に入れられるものがあったとしても、だらだらと時間をかけたあげく、手に入るのは取るに足りないものだけであり、失うときには反対にあっという間に目を疑うほど大きなものを失ってしまう**のだ。

外部勢力をうまく利用する術

以上は、長年にわたって傭兵隊に牛耳られてきたイタリアの実例である。

ここで、傭兵隊を適切に使いこなせるようにするために、その起源とその後の発展ぶりを振り返ってみよう。

まず理解してほしいのは、近年、皇帝の権力が失墜するとすぐに、また、教皇が世俗のことがらについて権力を得るようになるとすぐに、イタリアがたくさんの国に分裂したという点である［フランス、神聖ローマ帝国、ローマ教皇の世俗権をめぐる争い］。

というのも、それまで皇帝の庇護下でさまざまな都市を制圧していた封建貴族に対して、多くの有力な都市が武器をとって立ち向かったからだ。ローマ教会は、世俗での名声を高めようと、これらの都市を支援した。ほかの多くの都市では、市民のなかから君主になる者が出た。

こうして、イタリアはほとんどが教会と共和国の手に落ちたが、聖職者も市民たちも軍隊や武器について不慣れだったために外国兵を雇い入れるようになった。

この種の軍隊で最初に評判を高めたのは、ロマーニャ地方出身のアルベリコ・ダ・バルビアーノ（クーニオ伯）だった。彼の訓練を受けた者はたくさんいる。なかでも、ブラッチョとスフォルツァは、その時代のイタリアの支配者となった。

二人のあとも現在にいたるまで、さまざまな人物が傭兵隊を指揮してきた。その結果、イタリアはシャルルには蹂躙され、ルイには略奪の餌食となり、フェルナンドに侵略され、スイス人から辱めを受けることになってしまったのだ。

彼ら傭兵隊長がとった方策は、自分たちの評判を高めるために、まず歩兵隊の名声を奪い取ることだった。傭兵隊には領土がなく、自分たちの術策だけを頼りに生計を立てなければならなかったためだ。

少数の歩兵では名声が上がらず、かといって、大勢の歩兵は養いきれない。そこで、傭兵隊長がなんとか養える範囲内で、しかも名声を博するのに少人数ですむ騎兵隊に的を絞った。そのため、2万の軍勢のなかで、歩兵隊はわずか2000名に減らされた。

ほかにも、傭兵隊長は、わが身はもとより、兵士たちから労苦や恐怖心を取り除くために、戦闘では敵を殺さずに捕虜にして、しかも捕虜釈放の際に身代金もとろうとしなかった。夜間は城郭都市を奇襲せず、城に立てこもる側も敵の野営地に夜襲をかけなかった。さらに、陣営の周りには柵や溝を設けず、冬季は野営を行わなかった。兵士の労苦と危険を避けるために考え出されたこうしたことすべてが、傭兵隊の軍事規律のなかで容認された。

その結果、傭兵隊は、イタリアに奴隷化と恥辱をもたらしたのである。

第13章 支援は時に「仇」になる

【原題】外国からの援軍、混成軍、自国軍

役に立たないもう一つの戦力に、ほかの有力君主に軍隊の支援や防衛を求めて呼びよせた外国からの援軍がある。

最近では、教皇ユリウス2世がフェラーラを攻略した際に、傭兵隊が一向に戦果をあげないのをみて行ったことである。彼は、スペイン国王フェルナンドと同盟を結んで、軍隊を送り込んで援助してくれるよう要請した。

こうした援軍はそれ自体は役に立つのだが、呼びよせた者にとっては大いなる禍《わざわ》いとなる。というのも、**彼らが敗北すれば自らも滅亡してしまい、反対に勝利した場合**

には彼らの捕虜にされてしまうからだ。

こういう例は昔から枚挙にいとまがないが、教皇ユリウス2世の最新の例をさらに取り上げたい。

「第三者で勝つ」より「独力で負ける」がはるかにいい

ユリウス2世はフェラーラを手に入れたいばかりに、全面的に外国人の手にゆだねるという軽率な決断をしたが、幸運によって、先に述べた2つの結果を招かずにすんだ。

というのも、スペインからの援軍がラヴェンナでたたきつぶされたとたんにスイスの傭兵隊が立ちあがり、教皇自身をはじめすべての人の予想をくつがえして、勝ち誇っている敵軍を駆逐したのだ。

敵軍は敗走したために、教皇は敵の捕虜にならず、しかも援軍とは別の兵力で勝利したので援軍の捕虜にもならずにすんだ。

ユリウス2世は運に恵まれたが、通常、事はそう運ばない。フィレンツェにはまったく軍隊がなかったので、ピサを攻略するにあたり、フランス兵1万人を呼び入れてピサに送り込んだ。この決定によって、フィレンツェは、これまでのどんな苦しい時代よりも苦境に立たされた。

コンスタンティノープルの皇帝（東ローマ帝国皇帝ヨハネス6世）は、近隣諸国に対抗するために、トルコ兵1万人をギリシアに送り込んだが、戦争が終わってもこの外国からの援軍は引き揚げようとはしなかった。これが発端となって、ギリシアはその後、異教徒に隷属することになる。

このように、外国からの援軍は傭兵軍よりはるかに危険である。援軍の兵士は団結していて、本来の君主に忠誠を誓っているからだ。

だが傭兵の場合には、全員が一致団結しているわけではなく、給料をもらっているので、たとえ戦争に勝っても雇い主を脅かすにはそれなりのチャンスと時間が必要である。傭兵軍においては、あなたが指揮官に任命した者がすぐにあなたを脅かすような権力をもつとは考えにくい。つまり、**傭兵軍がより危険になるのは彼らが無気力な**

ときであり、外国の援軍においては、彼らが有能なときである。

したがって、賢明な君主は、外国の援軍にも傭兵隊にも頼らずに自国の軍隊を置こうとする。**他国の兵力を借りて手にした勝利など真の勝利ではないと考え、第三者の力で勝つぐらいなら独力で負けることを望む**のだ。

ここで私はチェーザレ・ボルジアがとった行動を紹介したい。

ヴァレンティーノ公（チェーザレ・ボルジア）はフランス軍を率いてロマーニャに入り、イモラとフォルリを奪った。だが、彼はこの援軍に不安を感じ、傭兵隊のほうがまだ危険性が少ないと判断して、オルシーニ家とヴィテッツリ家の兵を雇い入れた。ところが、いざ使ってみると、彼らもまた疑わしく、忠実でなく、危険であることがわかった。

そこで、傭兵隊を消滅させ、自国の軍に頼ることにした。

それにしても、それぞれの軍隊の違いは、ヴァレンティーノ公がフランス軍だけに頼ったとき、オルシーニ家やヴィテッツリ家の傭兵を雇ったとき、さらには自国の兵力だけを拠りどころにしたときに得た名声を比べてみると一目瞭然である。公の名声がこのうえなく高くなったのは、自国の軍隊を彼が完全に掌握していると人々が知ったときだったのだ。

「他人の武器」は扱いが難しい

このようなイタリアの最新の出来事だけでなく、第6章で名前を挙げた人物の一人、シラクサのヒエロンについても触れておきたい。

ヒエロンは、シラクサ人によって軍の指揮官となったが、自ら指揮する傭兵隊が、わがイタリアの傭兵隊と同じように役に立たないと気づいた。そして、傭兵たちをそのままにするのも、かといって解雇するのもよくないと考えて、全員を切り刻んでしまった。

その後は、他人の兵力を用いず、自分の軍隊で戦った。

さらに、ここで『旧約聖書』に登場するある人物についても思い起こしたい。

ダヴィデは、ペリシテ人の挑発者ゴリアテと戦いたいとサウル王に申し出た。サウル王はダヴィデを鼓舞するために、自分の武具を彼に渡した。ダヴィデはそれを身につけたが、これでは自分の力を十分に発揮できないと言ってその武具を返し、自分の投石器と短剣で敵に立ち向かったという。

つまり、**他人の武器を身につけたところで、背中からずり落ちるか、重荷になるか、窮屈か、そのいずれか**である。

ルイ11世の父シャルル7世は、運と力量によってフランスをイギリスから解放したが、自国軍を備える必要性を感じ、国内に騎兵と歩兵からなる軍隊を整備した。ところが、その後、息子のルイ王は歩兵隊を廃止し、スイスの傭兵を使うようになった。この失政は、その後の国王たちにも受け継がれ、フランス王国の危機の原因となった。歩兵をすべて廃止したために、騎兵は他国の歩兵に支援してもらわなければならなくなり、その結果、スイス兵に名声を与え、フランス軍を弱体化させてしまったのだ。

フランス騎兵隊は、スイス歩兵と協力して戦うことが習慣になり、スイス兵がいなくては勝てないと思うようになってしまった。フランス軍はスイス軍なしにはほかに立ち向かうことができなくなったのだ。

かくしてフランスの軍隊は、一部は傭兵、一部は自国兵という混成軍の形をとってきた。混成軍は、純然たる外国援軍とか、純粋に傭兵だけの軍隊に比べればましであるものの、やはり自国軍には大きく劣る。

もしフランス王国がシャルルのつくりあげた軍制度を強化あるいは維持していれば、不敗の王国となっていただろう。

うまみの底には「毒」がある

ところで、人間というものは思慮に欠けているので、初めにうまみを味わうと、その底に毒が潜んでいることに気づかずに飛びついてしまう。先に述べた肺病の話と同じだ。したがって病が起きたときにすぐに気づかない者は、真の名君とはいえない。

もっとも、本当に賢明な君主はわずかしかいない。ここでさらに、ローマ帝国崩壊の第一の原因を探ってみると、ゴート人の傭兵を使いはじめたことにある。これをきっかけに、ローマ帝国の力は衰え、かつてのあの勇猛ぶりはすべてローマ帝国の手を離れて、ゴート人へと移ってしまったのである。

私の結論はこうだ。

自国軍をもっていない君主国は、どこであれ安泰ではない。逆境ともなれば、自らを防衛する力に欠けるので何ごとも運任せになる。**「自らの力を基盤にしていない権力者の名声ほど、脆く当てにならないものはない」**とは、古来、賢人が語ってきた言葉だ。

ところで、自国軍とは、家臣とか市民、あるいはあなたの子飼いの部下によって組織された軍事力をいい、ほかはすべて、傭兵軍あるいは外国の援軍である。さらに、自国軍を組織する方法については、上記の4人［チェーザレ・ボルジア、ヒエロン、シャルル7世、ダヴィデ］の軍事組織を検討してみるといいだろう。

またアレクサンドロス大王の父フィリッポスをはじめ、多くの君主や共和国がどのような軍隊を整え、どのように組織したかを考えてみるといい。

私は、そうした制度こそ全幅の信頼を置けるものだと思っている。

第14章 「労苦」に体を慣れさせよ

【原題】君主の軍事的責務

君主は、戦争と軍事組織、軍事訓練以外のいかなる目的もいかなる関心事ももってはならない。また、それ以外を自分の職務としてもいけない。

戦争とそれにかかわることだけが、統治する人間が本来たずさわるべき唯一の職責であり、生まれながらの君主にその地位を保たせる力となるばかりか、多くの場合、一市民から君位に就いた者の力ともなるからだ。

反対に、**君主が軍事より贅沢な生活に心を向けると、間違いなく国を失う**。言い換えれば、君主がその地位を失う第一の原因はこの使命を怠ることにあり、君位を獲得する原因はこの責務に精通していることなのである。

「軽蔑」を受ける者の特徴

フランチェスコ・スフォルツァは、武力をもっていたために一市民からミラノ公になったが、彼の子息たちは、軍務のわずらわしさから逃れようとして、ミラノ公の地位から一市民に転落した。

武力をもたないとさまざまな弊害が起きるが、その最たるものは他人に軽蔑されることである。これこそが、のちに論じるように、君主たる者が避けなければならない不名誉の一つである。

実際に、武力をもつ者ともたざる者とではまったく比較にならない。たとえば、武力をもつ者が武力をもたない者に進んで服従したり、武力をもたない者が武力をもつ従者たちに囲まれて安閑《あんかん》としていられたりするなどということはありえない。

なぜなら、武力をもつ臣下は武力をもたない君主を侮蔑し、武力をもたない君主のほうは武力をもつ臣下に疑いをもってしまい、両者が協調してうまくやっていくのは不可能だからだ。

軍事に精通していない君主は、どんな不幸にもまして配下の兵士から尊敬されず、君主もまた部下を信頼できなくなるのである。

平時に「有事」を想定する

このように、君主は、つねに軍事上の訓練を念頭においていなければならない。**平時でも戦時をしのぐ訓練をしなければいけない。**

その訓練には2つの方法がある。「実際的な行動による訓練」と「頭を使う訓練」である。

行動訓練についていえば、**兵士を巧みに組織して訓練させるのはもちろんのこと、自分もつねに狩りに出て、労苦に耐えるように身体を慣らしておく**ことだ。またその間に、地形を覚え、山の起伏や渓谷の形、平野の広がるさま、河川や沼の特徴をよく理解しておく必要がある。君主は、こうしたことに最大の関心をはらわなければならない。

こうした知識は、次の2つの点で有益である。

第一に、自分の国をよく知ることで、よりよい防衛ができるようになる。

第二に、その土地の観察と実地訓練から、ほかの地域に赴いたときにも、そこの地形を容易に理解できるようになる。

たとえばトスカーナ地方の丘陵や渓谷、平原、河川、沼などは、ほかの地方にあるものとなんらかの類似性をもっている。ある地域の地形に通じていれば、自然とほかの地域についてもすぐにわかるようになるものなのだ。

こうした知識をもたない君主は、指揮官が備えるべき第一の資質を欠いている。その知識こそが、敵を発見し、野営地を決め、軍隊を前進させ、戦闘隊形を決め、有利な陣を敷くことを可能にするからだ。

アカイアの君主フィロポイメンについては、これまで多くの著述家によって賛辞が書かれてきたが、なかでも、彼は平時でも戦術のことしか考えていなかったという点が高く評価されている。

彼は友人たちと田舎に出かけたときにも、たびたび立ち止まってはこう論じ合ったという。「もし敵があの丘を占拠しわれわれはこちらに兵を配置したとしたら、どちらが有利だろう？　どうしたら、こちらの陣形を崩さずに敵を迎え撃つことができるだろうか？　われわれが退却するときにはどうすればいいか？　敵が退却したら、どのように追撃すべきか？」

そして、道すがら彼は、戦闘に際して起こりうるあらゆる事態を友人たちに提起して、相手の意見を聞き、自説を語り、さまざまな根拠を挙げて議論を深めた。

このように絶えず考えつづけた結果、自ら軍隊の指揮をとったときには、どんな突発的な出来事が起きても対処できたという。

「歴史」は現世を生きるこのうえない教材

頭を使う訓練については、君主は歴史書を読み、そのなかで偉人たちの行動を考察し、戦争において彼らがどう指揮をしたかを知り、勝ち負けの原因がどこにあったかを検討して、勝因を模倣し、敗因は避けるようにしなければならない。そうした偉人たちもそれ以前に称賛と栄光を与えられた人物を模倣し、その行動を模範としてきたのだから同じようにしなければならないのだ。

アレクサンドロス大王はアキレウス［ギリシア神話の英雄］を、カエサル［古代ローマの政治家］はアレクサンドロス大王を、スキピオ［古代ローマの軍人・政治家］はキュロス王をそれぞれ模範とした。

さらにクセノフォン［古代ギリシアの軍人・文筆家］によって書かれたキュロス王の伝記を読めば、スキピオがその一生を通してキュロス王を模倣してきたことが、彼にどれほどの栄光をもたらしたかがわかるだろう。スキピオの純潔、温かさ、人間性、寛大さが、クセノフォンが描いたキュロスにどれぐらい似ているかもわかるだろう。

賢明な君主は、こうした態度を守り、平時にあってもけっして安逸にふけることなく、努力してこの心がけに励み、逆境に立った場合にもそれを十分に生かせるようにしなくてはいけない。

そうやって、たとえ運命が一変したときでも、それに耐えられるだけの備えを固めておかなければならない。

第15章 臣下への振る舞い方

原題 人間、とくに君主の毀《き》誉《よ》褒《ほう》貶《へん》について

ここで、君主は臣下や盟友に対してどのように振る舞い、どのように統治すべきかを検討しよう。

この点については、すでに多くの人が書物を著しているが、いまあらためて私がここで論じれば、ほかの論者と明らかに違うものになり、思いあがっていると言われはしないかと不安だ。

だが、私の狙いは、読む人にとって役に立つことを書くことであって、想像の世界のことよりも真実を追求するほうがふさわしいと思う。

「善」だけでは破滅する

これまで多くの人が、共和政体や君主政体について、一度も見たこともなければ現実にどのように存在するかも知らないままに、想像だけで論じてきた。

しかし、「どのように生きているか」と、「どのように生きるべきか」には大きな違いがある。だから、**なすべきことを重視するあまり、現実になされていることに目を向けない者は、自らの存続より破滅について学んでいるのと同じ**である。

なぜなら、**何ごとにつけても善きことを行おうとする者は、善からぬ者たちのなかでは破滅せざるをえない**からだ。

したがって、自らの地位を守ろうとする君主は、よくない人間にもなれることを学び、必要に応じてそれを使ったり使わなかったりしなくてはならない。

では、空想の世界の君主の話は脇において、実在の人物について論じよう。

誰しも噂話のなかで話題にされるときには、とくに君主の場合にはその地位の高さから、ある資質だけが取り上げられて、非難されたり賛辞を受けたりするものだ。たとえば「気前がいい」とか「けちだ」とか、「出し惜しみしない」とか「強欲だ」とか、「冷酷だ」とか「慈悲深い」とか、「信用がおけない」とか「義理固い」とか、「軟弱で気が小さい」とか「残酷で大胆だ」とか、「人情味がある」とか「傲慢だ」とか、「好色だ」とか「潔癖だ」とか、「誠実だ」とか「狡猾だ」とか、「気難しい」とか「親しみやすい」とか、「あれは堂々としている」とか「軽薄だ」とか、「信心深い」とか「不信心だ」といった具合だ。

もちろん、いま述べた資質のうちのよいほうだけをすべて備えた君主がほめそやされるのは当然のことと、誰もが認めるだろう。だが人間であるかぎり、そうした気質だけを備え、それを完璧に守っていくのは無理である。

したがって君主たる者、自らの地位を奪われかねない悪徳の汚名だけは避けるように用心すべきである。

君位を奪われるほどではない悪評についても避ける必要はある。だが、こちらのほうは、それができなければ成り行きに任せるしかない。

さらに、**悪徳を行わなくては支配権を守ることができない場合には、悪徳の汚名も気にすることはない。**

というのは、よく考えてみれば、美徳と見えても、それに従うと身の破滅を招きかねないものがあり、表向き悪徳のように見えても、それを行うことで自らの安全と繁栄がもたらされることもあるからだ。

第16章 「倹約」に励む

原題　「気前のよさ」と「けち」

すでに述べた資質のうち、まずは「気前のよさ」を取り上げよう。

気前がいいと思われるのはいいことだが、一般の人々が考えるような気前のよさを見せるのは、かえって有害である。本来このように振る舞うべきという態度で気前のよさを発揮すると、それは人々から気づかれないどころか、逆に悪評を買ってしまう。

つまり、**大勢の人に気前がいいと思われようとすれば、必然的に派手に振る舞わざるをえなくなる。**

そういう君主は自分の全財産を使い果たしてしまうだろう。そのうえ、気前がいいという評判を保ちつづけようとすれば、民衆を抑圧して極端な重税を課し、金銭を得るためにありとあらゆることをせざるをえなくなる。

こうなると、人々に恨まれ、あげくの果てに君主自身は貧乏になって誰からも尊敬されなくなる。結局、その気前のよさは多くの人を傷つけ、ごく少数の者にのみ利益を与えることになり、そうなると些細なことにも動揺し、何か危険に出会ったとたんに窮地に陥る羽目になる。

君主がようやくそのことに気づいて行動を改めようとすると、今度は「けち」という悪評が立ってしまうのだ。

要するに、**君主が「気前のよさ」という美徳を誇示して認められようとすると、君主自身がダメージを受ける。**

賢明な君主は、「けち」と言われることを気にしてはならない。節約によって歳入が十分になり、外敵から身を守ることができ、民衆に重税を課さずに大事業を行うことができる人物だとわかれば、時が経つにつれて、この君主は「気前がいい」という評判がついてくる。

こうなれば、君主は、多くの人から何も奪い取らずに気前よく振る舞い、わずかな者にだけは何も与えずにけちを通している、ということになるからだ。

「けち」は君主に必要な素養

いま、大事業が成し遂げられているのはすべて、「けち」と言われる人物の手によってである。それ以外の人たちはみな滅んでしまった。

たとえば、教皇ユリウス2世は、気前がいいという評判を利用して教皇の位に就いた。だが、その後、戦争をするためにその評判を保とうなどとは考えなかった。

また、現在のフランス国王(ルイ12世)は、国民に度を越した税金を課さずに何度も大きな戦争を行ってきた。長期にわたる節約で膨大な支出をまかなうことができたからだ。

現スペイン国王(フェルナンド5世)も、気前がいいという評判が立っていたら、度重なる戦争を行い、勝利を収めてなどいなかっただろう。

だからこそ、君主は「けち」と言われることをあまり気にすべきではない。さもないと、人々から財産を奪ったり、外敵から防衛できなかったり、貧乏になって軽蔑されたりして、強欲にならざるをえなくなるからだ。

「けち」は、支配者の地位にとどまるための悪徳の一つなのである。

もし誰かが、「カエサルはあの気前のよさによってローマ帝国を支配し、ほかの多くの人物も気前のいいことできわめて高い地位に就いたではないか」と言ったなら、私の答えはこうだ。

まずは、その人物はすでに君主の地位に就いているのか、それとも君位に就こうとしている人か、それを知りたい。前者であれば、気前のよさは有害である。しかし後者なら、そう見られることは絶対に必要である。

カエサルはローマ皇帝になることを望んだ人間の一人だが、もし彼が帝位に就いたあとも生きながらえてあのような浪費を改めていなければ、その帝国は失われていたにちがいない。

大盤振る舞いが「蔑み」「憎悪」を買うことも

さらに誰かが、「すでに君主になった人物のなかには、とても気前がいいと言われながら、自ら軍隊を率いて偉大な事業を成し遂げた人物がたくさんいるではないか」と反論するのなら、こう答えたい。

君主が金を使うにしても、自分の金や臣民たちの金を使うときと、まったくの他人の財産を使うときとがある。前者の場合には出し惜しみすべきだが、**後者の場合には大盤振る舞いをしたほうがいい。**

たとえば、君主自らが軍隊を率いて進み、戦利品を手にして、略奪を行い、他人の財産を処分するのであれば、そのときは気前よくすべきである。そうでないと、兵士たちはついてこないからだ。

つまり、あなたやあなたの臣民の財産でないものについては、キュロスやカエサルやアレクサンドロス大王が行ったように、どんどん振る舞えばいい。他人のものを浪費しても、あなたの評判を落とすどころか、かえって高める。

だが、あなた自身の財産を浪費すれば、あなた自身に被害が及ぶ。

気前のよさほど、その人自身をすり減らすものはない。

気前のよさを売りものにしているうちに、いつしか自由になる財力をなくしてしまい、貧乏になって人々から蔑まれるか、あるいは貧困から逃れようと強欲になってむしろ憎まれることになる。

蔑まれることと憎まれることは、君主が警戒すべきことの一つだが、気前のよさは、そのどちらにもあなたを追いやる恐れがある。気前がいいという評判を得ようとして強欲だと思われ、悪評とともに憎まれるぐらいなら、悪評は買うが憎しみや恨みをともなわない「けち」に徹したほうが、はるかに賢明というものである。

第17章 慈悲深いより「冷酷」であれ

原題 冷酷さと慈悲深さについて。恐れられるのと愛されるのではどちらがよいか

次の資質に話を移そう。

どんな君主も、冷酷だと思われるより慈悲深いと評されるほうが望ましい。だが、慈悲深さの使い方を間違わないようにしなければいけない。

たとえば、チェーザレ・ボルジアは残酷な人物と考えられていたが、一方でその冷酷さがロマーニャ地方の秩序を回復させ、統一を果たし、平和をもたらし、忠誠を守らせた。

であるなら、フィレンツェの民衆が冷酷だと言われることを恐れて、ピストイアの

崩壊を放置していたのに比べれば、ボルジアのほうがはるかに慈悲深かったといえよう。

したがって、**君主たる者、臣民を結束させて忠誠を誓わすためには、冷酷だという悪評を気にかけるべきではない。**なぜなら、あまりに慈悲深いために混乱を招き、ついには殺戮や略奪を生み出してしまうような君主より、たまに見せしめの残酷さを示す君主のほうがずっと慈悲深い者といえる。

というのも、前者はすべての人に害を与える結果になるが、後者の場合には処罰されるのは一部の人間だけだからである。

「愛される」より「恐れられる」がはるかに良策

新たに君主になった者は、新しい国家には危険がつきものなので、「冷酷だ」という評判を避けることはできない。

ウェルギリウス［古代ローマの詩人］もディドー［ギリシア神話に登場する女王］の口を通してこう語っている。「困難な状況と国の新しさのために、このような対策をとって国境一帯の守りを固めざるをえないのです」

君主は軽々しく人を信じず、慎重に行動し、さらに自分自身がつくりだした幻影に怯えてはならない。そして思慮深さと人間味をもって自分の行動をコントロールし、相手を信じすぎて慎重さを欠いたり、かといって、あまりに不信感を募らせて鼻持ちならない者となったりしないよう、気をつけなければならない。

ここでもう一つ考えるべきことがある。「恐れられる」のと「愛される」のと、どちらがよいかということだ。

両方を備えているのが望ましいのは当然だが、2つをあわせもつのは難しい。どちらかを捨てざるをえないなら、**愛されるより恐れられるほうがはるかに安全**である。

そもそも人間というものは、恩知らずで、移り気で、偽善的で、臆病で、貪欲だ。そのため、あなたが恩恵を施している間は、人々はあなたの意のままになり、自分の血も財産も命も子どもたちまであなたに捧げる。ただし、すでに述べたように、**そうするのがはるか先の場合だけ**である。

だが、いざその必要性が迫ってくると裏切るのだ。彼らの言葉を全面的に信じてしまった君主は、ほかの準備を何一つしていないために滅んでいく。精神の偉大さや気高さによってではなく、代価を払って手に入れた友情は、買うことはできても所有できないので、いざというときにまったく役に立たないのだ。

さらに、**人間は、恐れている相手より愛情をかけてくれる相手をためらいなく傷つける**ものである。

というのも、人間はもともと邪悪なので、ただ恩義の絆で結ばれた愛情など、自分自身の利益のためにすぐに断ち切ってしまう。ところが、恐れている人に対しては処罰されるという恐怖がつきまとうために、ずっとつながったままなのだ。

「恐れられる」と「憎まれる」は根本で違う

ところで**君主は、愛されなくてもいいが、人から憎まれないようにし、恐れられる存在でなければならない。**

憎まれないことと恐れられることは、簡単に両立できる。自分の市民や領民の財産や彼らの婦女子にさえ手をつけなければ、必ず実現できるのである。

それでも、誰かの血を見るような行動に出なければならないときは、それを正当化できるだけの明白な理由のもとに行うべきである。

何より、他人の財産に手をつけてはならない。というのも、**人間は父親の死は忘れても、自分の財産を奪われたことはなかなか忘れない**からだ。

ひとたび他人からものを奪って暮らしを立てるようになると、そのための口実ならいくらでも見つかる［そのため、略奪しないように気をつけなければならない］。一方、人の命を奪う口実はめったに見つかるものではなく、すぐに尽きてしまう。

君主が軍隊を率いて、たくさんの兵士を指揮するときには、「冷酷だ」という悪名など無視してかまわない。こうした悪評も立たないようでは、軍隊の結束をはかり、軍事行動を準備することなどできないからだ。

カルタゴのハンニバル将軍の驚くべき行動のなかにもこのことが見られる。

彼は、無数の人種が混ざり合った大軍を率いて遠隔の地で戦いを進めたが、順境のときも逆境にあるときも、兵士同士の内輪もめも指揮官への反乱も起きなかった。それはひとえに、ハンニバルの非人道的な冷酷さによるものだ。

いくつもの卓越した才能とともにこの資質から、彼は、配下の兵士たちの目に、つねに尊敬すべきであるとともに恐れるべき存在と映ったのだ。冷酷さを備えていなければ、あれほどの成果をあげられなかっただろう。

この点についての考えが浅い著述家たちは、ハンニバルの行動を称賛しながらも、それを可能にした根本の原因について、むしろ非難している。

「自分の意志」を貫く

冷酷さがいかに必要であるかは、古代ローマのスキピオの例でもわかる。

スキピオは、その時代だけでなく、およそ人間が記憶しているすべての時代を通じて傑出した人物である。にもかかわらず、彼の軍隊はスペインで反乱を起こした。スキピオがあまりに慈悲深かったために、兵士たちが規律を守らず勝手気ままに行動した結果である。

結局、スキピオは、元老院でファビウス・マクシムス〔共和制ローマの政治家・軍人〕の弾劾を受け、ローマ軍を堕落させた人物という烙印を押されてしまった。

あるとき、スキピオの補佐官がロクリスの人たちの地を破壊してしまったことがあったが、スキピオは、ロクリスの人たちのために報復しようとせず、その補佐官の横暴を見のがした。これは、彼の何ごとも大目に見てしまう性格によるものである。

元老院でスキピオを弁護するために、「この男は他人の過ちを正すより自分が過ちを犯さないように心がけるという、よくあるタイプの人間の一人なのだ」と釈明した者がいたほどだ。

スキピオが、この性格をもちつづけて権力の座にとどまっていたなら、彼の栄光と名声は時とともに失われていただろう。だが、元老院の指揮下にあったスキピオの有害な資質は表面に出ることはなく、彼は栄光の座にいつづけられたのである。

ここで、恐れられることと愛されることについて結論を出そう。

民衆が君主を愛するときには自らそうするのだが、恐れるときは、君主がそうさせるのである。したがって、賢明な君主は、自分の意志に従うべきであって、他人の判断に依存すべきではない。ただし、すでに述べたとおり、憎悪されないようにだけは気をつけなければならない。

第18章

「野獣」と「人間」、両顔を用いよ

【原題】君主は信義をどう守るべきか

信義を守り、狡猾にではなく誠実に生きる君主がどれだけ称賛されるかは、誰もが知っているだろう。

ところが現代では、信義など気にかけず、策略をめぐらせて人々を欺いた君主こそが、大きな事業を成し遂げている。しかも結局は、そうした君主のほうが信義にもとづく君主を圧倒しているのである。

ところで、戦いに勝つには2種類の方法がある。

一つは法律によるもので、もう一つは力によるものだ。

前者は、人間固有の方法で、後者は野獣の方法といえるだろう。だが多くの場合、前者だけでは不十分で、後者の助けを借りる必要がある。したがって君主は、野獣と人間を巧みに使い分ける必要がある。

昔の著作家たちは、このことを君主たちに暗示していた。たとえば、アキレウスをはじめとする古代の君主たちは半人半馬のケンタウロスのもとに預けられて、この獣神にしつけられた、と書かれている。

半人半獣を師としたということは、**君主たるもの、2つの性質を使い分けることが必要であり、どちらか一方が欠けていても君主の地位は長続きしない**と教えているのである。

「キツネ」になり、「ライオン」になる

そこで君主は、野獣の方法を学ぶ必要があるが、野獣のなかでもとくに「キツネ」と「ライオン」を手本にすべきである。

というのも、ライオンは罠から身を守れない。そのため、**罠を見抜くにはキツネでなくてはならず、オオカミを驚かすという点ではライオンでなければならない**のだ。ただライオンであればいいと考える者は、このことがわかっていない。

したがって、思慮深い君主は、信義を守ることが自らに不都合となる場合、あるいは信義を守る約束をしたときの理由がすでに存在しない場合には、信義を守ることができないばかりか、守るべきでもないのだ。

すべての人間が善人であるならば、こうした教えは間違っているといえる。だが、**人間とは邪悪なものであり、君主に対する信義を守らないのだから、君主も信義を守る必要はない**。

また、君主であれば、約束を守らない口実などいつでも簡単に見つけることができる。このことについては、最近の無数の例を挙げることができる。さらに、君主の不誠実が原因で、どれほど多くの和平や約束が反故にされてきたかを示すこともできる。そして実際に、キツネの方法を巧みに使いこなした者が、よりよい結果を手にしてきたのである。

キツネの資質はうまく取りつくろって偽装する必要があることは忘れてはならない。とはいえ、人間は本来とても単純であり、目先の必要性に簡単に左右されるので、だまそうと思う人にとってだまされる人間はやすやすと見つかるものである。

人は「見た目」と「結果」で判断する

記憶に新しい、どうしても触れておきたい例がある。アレクサンデル6世の例である。

この教皇は人をだますことしか考えず、それ以外のことはしてこなかったのだが、だますための材料に事欠かなかった。

この教皇ほど、効果的に約束をし、大げさに誓っておきながら、その約束を見事に守らなかった人物はいない。にもかかわらず、アレクサンデルは思いどおりに人々を欺きつづけた。世間のこうした面をよほど心得ていたのだろう。

したがって、君主は、前述の立派な資質をすべて備えている必要はなく、**いかにも備えているように見せかけることが大切**なのである。

あえて言うなら、そうした立派な性質を備えて、それに沿って行動しつづけるのはむしろ有害だ。備えているように思わせることこそが有益なのである。

たとえば、慈悲深いとか、信義を守るとか、人情味があるとか、誠実だとか、信心深いなど、そのように思わせることができればいい。だが、そうである必要がなくなったら、まったく反対の態度をとることができなければならないのだ。

君主、とくに新しい君主は、世間がよい人だと思うような資質ばかりを守っているわけにはいかない。

権力を維持するためには、時には信義に背き、慈悲心に反し、人間味を失い、宗教に背を向ける行為を行わなければならない。そのため、**運命の風向きや事態の変化に従って態度を変える心構えが必要**である。

すでに述べたように、**できれば善からは離れずに、だが必要に迫られれば悪にも踏みこんでいく覚悟をもたなければならない。**

そこで、君主は、先に述べた5つの資質を満たしていないような言葉を口にしないよう、大いに注意しなければならない。

君主に謁見《えっけん》し、その言葉に聞き入る人々の前では、どこまでも慈悲深く、信義を守り、誠実で人間味にあふれ、信心深い人物と思われるよう心を配らなくてはいけない。なかでも、信心深さを備えていると思わせることが大切である。

人間は総じて、手で触れるよりも目で見たことで判断する。なぜなら、**見ることは誰にでもできるが、触れることは少数の人にしか許されない**からだ。したがって、ほとんどの人は外見だけで君主を判断し、ごくわずかな人だけが君主に接触して、実際はどのような人物かを知っている。

だがこの少数の者は、権力の庇護下にある大多数の意見にあえて異を唱えようとはしないだろう。人間の行動というものはすべて、ましてそれが君主の行動であるなら、訴えて判決を下すような裁判所が存在しない場合には、結果だけで判断されるのである。

だからこそ君主は戦いに勝ち、ひたすら国家を維持すべきである。そうすれば、君主がとった手段は立派だと評価されて、誰からもほめそやされる。

大衆はつねに見た目と結果だけで判断する。しかも、世の中にいるのは大衆ばかりだ。大多数の人が支持する拠りどころがあるかぎり、少数がそこに入り込む余地はない。

ここで名前を出すのは控えるが、現代の君主の一人は、口では絶えず平和とか信義と言いながら、実際にはそれらの敵のような動きをする。だが、彼が本当に平和と信義を守っていたら、すでに何度も名声や権力を失っていたことだろう。

第19章 「嫌われる」「侮られる」はどうすれば防げるか

原題 憎まれたり軽蔑されたりするのをどう避けるべきか

先に挙げた君主の資質のなかで重要なものについてはすでに論じた。ここでは、残りの資質について簡潔に説明しよう。

すでに少し触れたが、君主たるもの、憎まれたり軽蔑されたりするのを避けなければならない。そのことさえ防げれば、君主の役割を果たすことができ、それ以外の悪評を受けたとしても危険に陥ることはないだろう。

とりわけ憎悪を招くのは、先に述べたとおり、臣民の財産や妻子の略奪を行った場合だ。したがって、それだけは慎まなければならない。大多数の人間は、財産や名誉さえ奪われなければ満足して暮らしていくものだ。

したがって君主は、少数の者の野心と戦うだけでよい。そうした野心を制するにはいろいろな手段があり、さほど難しいことではない。

避けるべき「5つの評判」

君主が軽蔑されるのは、移り気で、軽薄で、軟弱で、臆病で、優柔不断とみなされたときだ。君主はこのことを、暗礁に対するように警戒しなくてはならず、その行動のなかに偉大さや勇敢さ、威厳や決断力がうかがえるよう努力しなくてはならない。

次に、臣民一人ひとりの扱いについては、君主の裁定は撤回不可能であるとわからせ、誰も君主をだましたり欺いたりしなくなるような評判を維持しなければならない。

こうした評判を得た君主だけが大きな名声を獲得できる。

卓越した人物で臣民からも尊敬されていると知れわたっている君主に対して、陰謀を企んだり攻撃したりするのは難しい。侵略など容易ではない。

通常、君主には次の2つの脅威がある。

一つは内側から、つまり臣下による脅威であり、もう一つは外側から、つまり国外の列強による脅威である。

後者については、すぐれた軍隊と頼りになる同盟軍さえあれば防ぐことができる。そして、よい軍備があればよい味方がついてくるものである。

そのうえ、対外的な関係が安定していれば、陰謀による混乱が起こらないかぎり、国内も安定する。たとえ外部の情勢が不安定であったとしても、君主が尊敬されて、やる気さえ失わなければ、スパルタのナビス［スパルタの最後の王］のように、どんな攻撃にも耐えていけるだろう。

臣民については、国外情勢が不安定でないときでも、ひそかに陰謀を企てているのではないかと気を配らなくてはいけない。

君主が憎悪されたり軽蔑されたりするのを避け、民衆が君主の政治に満足していれば、安心していられる。このことはすでに述べたように、ぜひ実践されなくてはならない。

陰謀に対して君主がなすべきもっとも有効な対応策は、大多数の人から憎まれないことである。というのも、**反乱を起こす者は君主を殺せば民衆が満足すると思いこんでいるが、君主を殺すと民衆を怒らせることになるとわかれば、その決断はくじけてしまう**からだ。

これまでじつにたくさんの陰謀が企まれてきたが、成功した例はとても少ない。それというのも、陰謀を企むことは一人ではできず、かといって、仲間に引き入れられるのは不満を抱いている者にかぎられるからだ。

あなたが陰謀を企んでいるとする。そんなあなたが不満分子の一人に本心を打ちあけたら、それは相手に利をもたらす材料を与えたことになる。彼はあなたの行動につけいって、自分の有利にことを運ぶ策を練ることも可能だからだ。

こうして、こちら側には確実な利益があるが、あちら側につけば危険がいっぱいで疑わしいとあくせく考える彼は、君主の貴重な味方になるか、君主の敵になってあなた（謀反者）との約束を守ることになる。

要するに、反乱を企む者は、つねに不安や猜疑心や刑罰への恐怖を抱いてびくびくしている。だが君主には、威光や法律、さらに守ってくれる味方や権力者が存在する。そのうえ民衆の信望に支えられているとなると、陰謀を企むような無謀なまねをする者はいなくなる。

つまり、そもそも謀反人は悪事を実行するにあたって恐怖にかられるものだが、この場合は民衆を敵にまわすため、反乱後にどこかにかくまってもらうこともできないという恐怖がそこに加わるのだ。

周囲から「絶望」を摘み、「満足」を植える

このことについては無数の例が見られるが、ここでは、私たちの父祖の記憶に残る一例だけを挙げておきたい。

現在のアンニバーレ閣下の祖父で、ボローニャの君主であったアンニバーレ・ベンティヴォリオ公は、カンネスキ家の陰謀によって殺された。そのとき生き残ったのは、産着姿のジョヴァンニだけだった。

アンニバーレ殺害の直後、ボローニャの民衆は蜂起して、カンネスキ一族を皆殺しにしてしまった。これは当時、ベンティヴォリオ家が民衆の信望を得ていたからである。

民衆の信頼はとても厚かった。アンニバーレが殺されてボローニャを統治できる者がいなくなると、「ベンティヴォリオ家の血を引く者がフィレンツェで鍛冶屋の息子になっている」という噂を聞きつけた市民がフィレンツェに出向き、ボローニャの統治をこの人物にゆだねたのだ。生き残ったジョヴァンニ公が統治を行える年齢に達するまで、その人に政治を託したのである。

以上のことから、**君主は民衆から好感をもたれている間は、反乱などあまり気にする必要がないという結論が導かれる**。だが、民衆が君主に敵意を抱き、憎悪を感じるようになったら、君主は、どんなことも、どんな人物も恐れなければならない。

きちんと秩序をもった国や賢明な君主は、貴族を絶望させず、民衆を満足させ、民衆が安心して暮らせるよう腐心してきた。なぜなら、それこそが君主の心がけのなかでもっとも重要なことだからだ。

現在、このように秩序が保たれ、うまく統治されている国として、フランス王国を挙げることができる。

この国には、国王の自由や安全の基盤となる多くの立派な制度がある。

第一は高等法院とその権威である。この国の制度を定めた者は、権力者の野望や横暴ぶりを知り、彼らを正すためになんらかの制約が必要だと考えた。その一方で、貴族に対して大衆が抱いている憎しみは恐怖心からくるものだと知り、民衆の安全をはかろうとも考えた。

だが、それを君主一人が行うなら、民衆を支持すれば貴族と対立して貴族の恨みを買い、逆に貴族を支持すれば民衆から恨まれる。

そこで、第三者の法院をつくることで、王が非難されることなく貴族を罰し、弱い者を支持できるようにしたのだ。この制度ほどすぐれていて、王と国家の安全を生み出せるものはない。

上に立つ者みずから「恩恵」を与える

さらにここからもう一つ重要なことが導きだされる。**君主は恩恵を与える役を進んで引き受け、憎まれ役は他人に行わせるべき**だということだ。

もう一度結論を言おう。君主は貴族たちを尊重しなければならないが、民衆の憎しみを買わないようにすべきなのである。

だが多くの人が、古代ローマ皇帝たちの生涯や死にざまを思い出し、この結論とは違う例がたくさんあるではないか、と反論するかもしれない。

たしかに、ローマ皇帝のなかには、立派な生活を送り、偉大な力量を示したにもかかわらず、権力の座を追われ、あるいは配下の反乱にあって殺された者もいる。

こうした反論に答えるために、数人のローマ皇帝の資質を取り上げ、彼らの破滅の原因が先ほどの私の指摘と少しも矛盾しないことを明らかにしたい。そして、当時の人々の行動を理解するうえで重要なことについて考察していこう。

哲学者マルクス帝［マルクス・アウレリウス・アントニヌス］からマクシミヌス帝［マクシミヌス・トラクス］まで、ローマ帝国の帝位継承者を取り上げれば十分だろう。すなわち、マルクス、その子コンモドゥス、ペルティナクス、ユリアヌス、セウェルス、その子アントニヌス・カラカラ、マクリヌス、エラガバルス、アレクサンデル、マクシミヌスである［165ページ図参照］。

「平和を望む民」と「残虐な兵士」、どちらを生かすか？

まず注意すべきは、ほかの君主国では、貴族の野望と民衆の驕《おご》りに対峙するだけでいいのだが、ローマ皇帝の場合は、兵士たちの残虐さと強欲に直面しなければならないという、第三の難題を抱えていたことだ。

これは厄介な問題であり、多くの皇帝の破滅の原因にもなった。民衆は平和を好み、穏和な君主を歓迎するのに、兵士は好戦的で残虐で横暴で強欲な君主を望んだ。そのため、兵士と民衆の両方を満足させるのはきわめて難しかった。

そのうえ兵士は、君主が自分たちの俸給を倍にして、自分たちの貪欲さと強欲さを十分に発揮できるように、君主が民衆に対してそういう行為に出ることを望んだのである。

そこで、生来の性格からか、それだけの能力がないためか、民衆と兵士の両方を抑え込めるような名声をもてなかった皇帝は必ず滅んでいった。

多くの皇帝は、とくに一介の市民から帝位に就いた人物は、この難題に直面すると、民衆がどんな危害を受けるか気にかけずに、兵士のほうを満足させた。

それはしかたのない決断といえる。なぜなら、君主が誰からも憎まれないというのは不可能であり、それなら、より有力な人たちからの憎悪を避けるようにあらゆる手立てを尽くさなければならないからだ。

成り上がった皇帝は強力な支援を必要とするため、民衆より兵士のほうに加担した。この決断が、はたして皇帝にとって有益だったかどうかは、皇帝が兵士の間で名声を保つことができたかどうかにかかっていた。

以上のことから、マルクス帝やペルティナクス帝［プブリウス・ヘルウィウス・ペルティナクス］やアレクサンデル帝［セウェルス・アレクサンデル］は、いずれも謙虚な生活を送り、正義を愛し、残虐さを嫌い、人間味

本章に登場するローマ皇帝（在位年）

マルクス・アウレリウス・アントニヌス	（161～180年）
コンモドゥス	（180～192年）
ペルティナクス	（193年1～3月）
ユリアヌス	（193年3～6月）
セウェルス	（193～211年）
アントニヌス・カラカラ	（211～217年）
マクリヌス	（217～218年）
エラガバルス	（218～222年）
アレクサンデル	（222～235年）
マクシミヌス	（235～238年）

があり、慈悲深かったにもかかわらず、マルクス帝以外は悲惨な最期を迎えた。

マルクス帝だけは例外で、栄光に輝く一生を送り、この世を去った。マルクスは相続法に従って帝位を継承したため、兵士や民衆にわざわざそのことを認めさせる必要がなかったからである。

さらに彼はたくさんの美徳を備え、人々に尊敬されていたので、兵士と民衆のどちらもそれぞれの領内にとどめることに成功し、けっして憎悪を買ったり、軽蔑されたりしなかった。

だが、ペルティナクスは、兵士たちの意に反して帝位に選ばれた。しかも兵士は、前皇帝コンモドゥスのもとで放埒《ほうらつ》な暮らしに慣れていた。

そのため、ペルティナクスがまじめな生活を押しつけようとすることに我慢ならなかった。皇帝は、兵士たちの恨みを買ったばかりか、老齢のために軽蔑された。こうして、帝位に就いてすぐに破滅したのだ。

「善行」も憎しみを招く

ここで注意すべきは、**憎しみを招くのは悪行だけでなく、善行の場合もある**という点だ。

すでに述べたように、君主がその地位を保とうとするなら、時には善良でないこともせざるをえない。なぜなら、君主が地位を守るために味方にする必要があると判断した人々、すなわち民衆や兵士や貴族たちが腐敗していれば、君主も彼らを満足させるためにその傾向に従わなければならないからだ。となれば、善行はむしろ仇になる。

アレクサンデルに話を移そう。

この皇帝はいたって善良で、何かと称賛されているが、なかでも特筆すべきは、14年に及ぶ治世を通して裁判されずに皇帝に殺された者が一人もいなかった点である。その一方で、軟弱で母親に操られているとみなされて軽蔑され、ついには軍の反乱にあって殺害された。

一方、コンモドゥス、セウェルス、アントニヌス・カラカラ、マクシミヌスは残酷で、強欲で、兵士の望みをかなえるためには人民に対してどんな危害を加えることもためらわなかった。

だが結局のところ、セウェルス以外はことごとく非業の最期を遂げることになった［コンモドゥスは暗殺、セウェルスは病没、アントニヌス・カラカラとマクシミヌスも暗殺された］。

セウェルスだけは並外れた力量を備えていたため、民衆を虐げたにもかかわらず、兵士を味方につけることで最後までうまく統治しつづけることができた。それというのも、その力量によって兵士や人民の目にまさしく称賛すべき存在と映ったことで、人民は茫然自失の状態となり、兵士は彼を尊敬し、満足したからだ。

この皇帝の行動は、新しい君主としてはすばらしい。ここで、彼がどれほど巧みにライオンとキツネの性質を使い分けたかを示しておきたい。先に述べたとおり、この2つの性質こそが君主が手本にしなくてはならないものなのである。

敵を2つ同時に作らない

セウェルスは、当時の皇帝ユリアヌスがいかに臆病であるかを知り、自らが指揮官を務めるステアヴォニアに駐屯する軍隊に、ローマに進撃するよう説得した。親衛隊の兵士たちに殺害された前皇帝ペルティナクスの復讐のためである。

この口実のもと、自分が帝位を狙っていることはおくびにも出さずに軍をローマに押し進めた。しかも、出撃が伝えられる前に早くもイタリアに入った。セウェルスはローマに到着すると、恐れおののいた元老院によって皇帝に選ばれ、ユリアヌスを殺してしまった。

これをきっかけに帝国全体を支配しようという望みを抱いたセウェルスには、2つの難題が待ちうけていた。

一つはアジアで、そこでは軍司令官ニゲルが皇帝として迎えられていた。もう一つは西方で、ここではアルビヌスがやはり帝位を狙っていた。

セウェルスは、両者を同時に敵にまわすのは危険と判断し、ニゲルだけを攻撃し、アルビヌスのほうは策略にかけようと考えた。

そこでまず、アルビヌスに手紙を書き、「自分は元老院から皇帝に選ばれたが、この地位を分かち合いたいので、君にカエサルの称号を贈る。元老院の決議によって、君と私は同役になったのだ」と伝えた。アルビヌスはこの話を真に受けた。

ところが、セウェルスはニゲルとの戦いに勝利すると、彼を殺して東方を平定し、ローマに戻った。そこで元老院に向かって、アルビヌスは私の恩義に少しも感謝しないどころか私を裏切って殺そうとしているので懲らしめに行かねばならないと訴えた。それからフランスに赴き、アルビヌスから領地と生命を奪ったのである。

セウェルスの行動をつぶさに調べると、彼は獰猛きわまりないライオンの性格と、狡猾きわまりないキツネの性格とをあわせもっていることがわかる。その結果、彼はすべての人に恐れられて尊敬されるとともに、兵士たちからも憎まれなかった。

新人の君主であるはずのセウェルスが、あれほどまでの権力を保てたのも不思議ではない。実際に、彼の絶大な名声が、彼の略奪に対して民衆が抱くはずの憎悪から彼を守ったのである。

側近に「損害」を与えない

その息子のアントニヌスもまた傑出した人物として、人民には驚かれ、兵士たちにはもてはやされた。

彼は軍人にふさわしい人物で、どんな困苦も耐え、美食や贅沢を寄せつけなかったので、軍全体から愛された。

しかし、彼の残忍さと獰猛さは前代未聞で、無数の個人を殺したあと、ローマの人民の大部分とアレクサンドリアの人民すべてを殺してしまった。そのため、世間の人から恨まれ、やがて側近からも恐れられるようになった。そしてついに、自分が率いる軍のまっただなかで百人隊長の一人に殺された。

ここで注意すべきは、**誰かが執念によって殺意をもったときには、君主であっても逃げられない**ということだ。

なぜなら、自らの死を恐れなければ、誰もが君主に危害を加えることができるからだ。とはいえ、そういうことはめったにないのでさほど恐れる必要はない。

ただし、自分に仕えている者や側近たちに重大な危害を加えないように心がけねばならない。

ところが、アントニヌスはそれを行ってしまった。百人隊長の兄弟を情け容赦なく殺し、しかもその百人隊長を日々脅しつけていたのだ。にもかかわらず、その男を自分の守備隊長につけていたという軽率さから、案の定、自分の身に破滅をもたらす結果となった。

破滅の原因は「憎しみ」と「軽蔑」

次は、コンモドゥスについて触れよう。彼はマルクスの息子だったので相続法によって帝位を獲得し、それを維持するのも楽だった。父の足跡をたどるだけで、兵士も人民も満足するはずだった。

　だが、彼は獣のように残忍な人物だったので、人民に対して強欲ぶりを発揮しようとして軍隊の歓心を買い、彼らに放埒のかぎりを許した。さらに、皇帝の尊厳などおかまいなしに、しばしば闘技場に降りていっては剣闘士と戦い、皇帝の地位にそぐわないことばかりを行い、兵士から侮蔑の目で見られるようになった。

　一方では憎まれ、一方では軽蔑されたことから、陰謀によって殺されたのである。


　残るはマクシミヌスだ。この皇帝は、きわめて好戦的な人物だった。

　アレクサンデルの軟弱ぶりにうんざりした軍隊は彼を殺して、マクシミヌスを皇帝に立てた。だが、その地位は長くは守られなかった。2つのことがマクシミヌスへの憎しみと軽蔑を招いたからだ。

　一つは、生まれが卑しく、その昔トラキアで羊飼いをしていたことである。そのことは知れわたっていて、誰からも軽蔑の目で見られることになった。

　もう一つは、ローマ皇帝になってもすぐにローマに出向いて帝位に就かず、その間にローマをはじめ帝国のいたるところで総督たち［元老院に任命された］が残虐行為を働き、マクシミヌス自身がまれにみる残忍な人物とみなされてしまったことだ。

こうして、彼の生まれが卑しいことへの軽蔑と、残虐さへの憎しみから、まずはアフリカが反乱を起こした。次いで元老院がローマの全人民とともに反旗をひるがえし、やがて全イタリアが謀反を起こした。そこに、皇帝直属の軍隊までもが加わった。この軍隊はアクイレイアの包囲戦にてこずっていたが、残酷な皇帝にうんざりし、反逆者があまりに多いのを見て皇帝を恐れなくなり、殺害してしまった。

エラガバルスやマクリヌス、ユリアヌスについて、ここで論じるつもりはない。彼らはあまりに軽蔑されていたので、すぐに抹殺されてしまった。

そこで、すぐに結論に進もう。

「味方」につけるべきは誰か？

思うに現代の君主たちは、常軌を逸するほど兵士たちの欲望をかなえなければならないといった難題を抱えることはあまりない。

もちろん現代でも、君主は兵士に対してなんらかの配慮をしなくてはならないが、そもそもいまの君主は、ローマ帝国時代の軍隊のような、地域の統治や行政と長きにわたって一体化・癒着した軍隊などもっていないので、問題はすぐに解決する。

ローマ時代は、兵士が人民より力をもっていたので、当然のことながら兵士の歓心を買う必要があった。だが今日では、トルコとスルタン以外、どの国も民衆が兵士より権力をもっているので、**君主は兵士より民衆を満足させなければならない。**

トルコを除外したのは、トルコの王はつねに1万2000の歩兵と1万5000の騎兵をそばに置き、国の安全と強さは彼ら兵士にかかっているからだ。

そこで、トルコの支配者は、ほかのことはすべて後まわしにしてでも軍を味方につけなくてはならない。

これと同じように、スルタン王国も、すべてが兵士の手中にあるため、王はやはり、民衆を無視して兵士を味方につけておく必要がある。しかし、このスルタンの国がほかの君主国と違う点にも注意してほしい。この国は、世襲の君主国とも新君主国とも呼べず、キリスト教の教皇国家によく似ている。というのも、それまでの君主の子息があとを継いで君位に就くのではなく、君主は選出権限をもつ人たちの手で選ばれるからだ。

この制度は古くからあるので新君主国と呼ぶことはできないし、新君主国が直面する難題が少しも見当たらない。たとえ君主は新しくても、国の制度自体は古くからあり、まるで世襲君主を迎えるように受け入れられるからだ。

自分の地位の「ルーツ」はどこか

ふたたび本題に戻ろう。これまでの論議を考察すれば、名前を挙げた皇帝たちの破滅の原因が憎しみと軽蔑にあったことがわかるだろう。

同時に、**ある皇帝はある方向で行動し、別の皇帝はまったく反対の行動をとったが、どちらの側にも、幸福に恵まれた人も不幸な最期を遂げた人もいた。**それがなぜかはもうおわかりだろう。

ペルティナクスとアレクサンデルは新しい君主だったので、相続法によって帝位を継いだマルクスのまねをしても有害なだけで無益だった。

同様に、カラカラやコンモドゥスやマクシミヌスがセウェルスを模倣しようとしても、その足跡をたどれるだけの力量をもっていない以上、危険きわまりないことだった。

したがって、新しい君主政体における新しい君主は、マルクスの行動を模倣することはできず、かといってセウェルスの行動に追従する必要もない。

ただし、セウェルスからは国家の基盤づくりをするために必要な方策を学び、マルクスからは、すでに確立されて安定した国を維持していくのに適切な輝かしい方策を学びとらなくてはならないのだ。

第20章

組織を「保持」する方法。崩壊させないためには

【原題】君主たちが築く城塞などは有益か、あるいは有害か

君主のなかには、国家を保持するために臣民の武装を解いた者もいれば、統治した諸都市の分断をはかった者もいる。

また外敵の脅威をうまく利用する者もいれば、統治の開始時には自分に不信感をもっていた連中を味方にとりこんでいった者もいる。さらには城塞を築く者もいれば、城を廃城として破壊する者もいた。

それぞれの策について判断を下すには、そうした決断にいたったそれぞれの国の事情を検討する必要がある。したがって、ここでは総括的に論じてみよう。

市民に「武器」を与えよ

これまで、新たに君主になった者が臣民の武装を解いてしまったことは一度もない。むしろ、臣民が武装していないと知ると必ず武装させてきた。

臣民を武装させれば、その兵力が君主自身のものになり、君主に疑念をもっていた者が忠実になり、もともと忠誠を誓っている人々をそのままにしておけるからである。

こうして、臣民はこぞって君主の支持者となる。臣民すべてを武装できるわけではない以上、武装した一部の人々に特別の恩恵を施すことでほかの者たちにも安心して対処できる。武装した人たちは、処遇の差を知っていっそう君主に恩義を感じる一方で、ほかの者たちも、武装した人たちは危険度が高いとともにそれだけ大きな義務を負っているので、多くの褒賞を手にするのは当然だと考えて、君主の措置を正しいと認めるのだ。

だが、君主が臣民の武装を解いてしまうと、臣民の心は傷つくだろう。つまり、君主は、彼らを臆病だとか信用ならないなどとみなして不信感を抱いている、と言っているのと同じだからだ。どちらにしても、臣民に君主への憎しみを植えつけることになる。

ところが君主はまったく武装しないわけにはいかないので、傭兵隊に頼ることになる。傭兵隊は、先に述べたとおり、どんなによい軍隊であっても、強い敵や疑わしい臣民から君主の身を守るのに十分ではない。

だからこそ新たに領土を得て新しく君位に就いた者は、必ず軍備を整えてきたのだ。歴史をみるとこうした例であふれている。

「分断工作」は弱体化を招くだけ

一方、新たに領土を獲得し、それを旧領土に併合し付け加えた国の場合は、征服したときにあなたの味方についた者たちを除いて、武装を解いておかなければならない。

あなたを支持した者たちについても、時が経つにつれて、機会のあるごとに骨抜きにして弱体化してしまう必要がある。

つまり、**旧領土であなたの側近だった直属の兵士だけで軍を組織することが重要な**のだ。

私たちの先人、とくに賢人とあがめられた人たちは常々、「ピストイアを支配するには派閥争いが、ピサを支配するには城塞が必要だ」と言っていた。だからこそ彼らは、自分たちが支配した都市を円滑に支配できるように、都市内で内輪もめを起こさせた。

こうした政策は、イタリアがある程度まで勢力均衡を保っていた時代にはうまくいったが、今日では、そのやり方をそのまま採用するわけにはいかない。分断工作がよい結果を生み出すとは思えないからだ。

分断された都市は、外敵が近づいてくるとたちまち奪われてしまうだろう。勢力の弱い側はきまって外国勢力と通じ合い、その結果、強い側も外敵に対抗できなくなるからだ。

ヴェネツィア共和国はこの理由から、支配する諸都市のなかにわざと、教皇派と皇帝派という2つの派閥を育成した。

流血の惨事にはならないまでも両派の対立は強まり、市民たちはその抗争に巻きこまれてそちらに気を取られるために、ヴェネツィア自体に対して団結して立ち向かってはこないだろうと考えたのだ。

だが、ヴェネツィアの思惑どおりにはいかなかった。というのも、ヴェネツィア軍がヴァイラの戦いで敗れると、たちまち一部の都市が果敢にもヴェネツィアからの領土奪回にかかったからだ。

つまり、**こうした分断手段は、君主の弱みを示すものにほかならない**。強力な君主政体では、内部の分断策など入り込む余地がないはずだ。

平和な時代であれば、分断工作によって臣民を楽に支配できるだろうが、いったん戦争が始まれば、この政策はまったく役に立たなくなる。

難題を「名声のきっかけ」にする

君主たちは、繰り返される苦難や自分たちへの敵対行為を乗り切ったときにこそ、まさしく偉大な存在となる。

そのため、運命の女神は、新たな君主を大物にしようとするときには、あえて彼らの敵を登場させて戦争を強いる。新たな君主にそれを乗り越えるチャンスを与え、敵が運んできたはしごを使ってどんどん上にのぼれるように仕向けるのである。

多くの人が考えるように、賢明な君主は、機会があれば巧みに敵をつくり、それを打倒することで自らの偉大さをさらに高めようとする。

君主たち、とりわけ新しい君主たちは、自らがその地位に就いた当初には疑わしくみえた人物のほうが、初めから信頼していた者より忠誠心が深く役に立つことに気づいていた。

たとえば、シエーナの君主パンドルフォ・ペトルッチは、当初は不審に思っていた人物とともに国を治めた。

ただ、それぞれ事情が違うので、それを一般論とすることはできない。ただしこれだけは言える。**君位に就いた当初は自分に敵意を抱いた人々も、いずれ保身のために君主に頼らざるをえなくなるので、彼らを味方に引き入れるのはたやすい。**しかも彼らは、それまで抱いていた不穏な疑念を実際の行動で打ち消す必要があるので、君主にそれだけ忠誠心を示そうとする。

つまり、安心しきって君主に仕え、君主の利害にさほど目を向けなくなってしまった人たちからより、はるかに大きな利益を引き出せるのだ。

忘れてはならないのは、新たな国を獲得したときに、その国の内部の者を味方につけて成し遂げたのなら、その支援者がどんな動機でこちらの味方になったのかをよく考えなければならない点だ。

新しい君主への自然の敬愛からではなく、もとの国に不満があったからというだけでそのように動いたのであれば、彼らを味方にしておくには困難がともない、彼らはいずれ足手まといとなるだろう。なぜなら、新しい君主も彼らの期待にはこたえられれないからだ。

古今の出来事を見てみれば、もとの国に不満をもっていたがために新しい君主に好意を示して征服に手を貸した人々を味方にするよりは、もとの国に満足していて新君主を敵視していた人々を味方につけるほうがはるかに容易だとわかるだろう。

民衆の憎しみを買わないことが「最良の砦」

君主は通常、国家の安全を考えて城塞を築いてきた。反乱を企てる者を抑制し、敵に急襲されたときに安全な避難所を確保するためだ。

昔から用いられてきた手段として、城塞を築く方法は私も称賛する。だが現代では、たとえば、ニコロ・ヴィテッリ公は国を守るために、あえてチッタ・ディ・カステッロの2つの砦を破壊した。

ウルビーノ公グイドバルドも、かつてチェーザレ・ボルジアに追われた旧領土に戻るとすぐに、その地域の城を徹底的に破壊してしまった。城塞さえなければ二度と国を奪われることはないと考えたからだ。

ベンティヴォリオ家の者たちがボローニャに戻ってきたときも同じことをした。

つまり、城塞は、時には役に立つが、時によっては有害なのである。そこで、次のようにまとめることができる。

外敵より自国の民衆を恐れる君主は城を築くべきだが、民衆よりも外敵を恐れる者には砦などないほうがいい。フランチェスコ・スフォルツァはミラノに城を築いたが、この城がスフォルツァ家の人々にとって、この政体のどんな不備よりも大きな災いとなった［城に安心しきって政権運営の安定を過信した］。

したがって、**最良の砦があるとすれば、それは民衆の憎しみを買わないこと**だ。たとえどんな城を築いても、民衆に憎まれれば、その城は君主を守れなくなる。民衆が蜂起すれば、きまってそれを支援する国外勢力がやってくるのだ。

現代、城塞が君主の役に立った例といえば、夫のジロラモ伯を殺されたときのフォルリ夫人ぐらいだろう。彼女は城のおかげで民衆の不意打ちを逃れ、ミラノの救援を待って支配権を奪回した。当時は、国外勢力が民衆の支援に駆けつけられる状況ではなかったからだ。

しかし、その後、チェーザレ・ボルジアの攻撃を受け、敵対する民衆が国外勢力と結びつくと、彼女にとって城はほとんど役に立たなかった。

であれば、城塞を築くより民衆の憎しみを買わないほうが、フォルリ夫人にとってもはるかに安全だっただろう。

以上のことから、私は城を築く者も城を築かない者もともに称賛するが、**城を信じすぎて民衆から憎まれることに無頓着な人間は非難されるべきであると思う。**

第21章 「人心」を惹きつける術

原題 君主は尊敬を得るためにどう行動すべきか

君主が尊敬されるためには、何より大事業を行い、自らが手本を示すことだ。現代では、スペイン王であるアラゴン家のフェルナンドが例として挙げられる。

「大きな計画」を大胆に即断する

弱小国の君主にすぎなかったフェルナンドは、名声と栄光を得ることでキリスト教国きっての国王になった。フェルナンドの行動を見ると、どれもスケールが大きく桁はずれだ。

即位するとすぐにグラナダを攻撃したが、この企てが王国の基礎をつくった。彼は、最初は控えめにことを進めることで、疑われて妨害が入らないようにした。そして、カスティーリャ〔イベリア半島中央部〕の封建領主たちがこの戦争に気を取られて、国内で反乱を起こすことなど考えつかないようにしたのだ。その間にフェルナンドは、彼らが気づかないうちに名声を得て、実権を握ってしまった。

また、ローマ教会の財力と民衆の金で軍隊を養ったので、この長い戦争を通して自らの軍隊の基盤を固めることができ、その軍事力がのちに彼の栄光を高めた。

さらに大きな事業に着手できるように、宗教を利用して狂信的な残虐行為を行い、マッラーニ〔やむなくキリスト教に改宗したユダヤ人〕たちを追放し、その財産を略奪した。

これ以上に痛ましく稀有な例はないだろう。

続いて、フェルナンドは同じ口実のもとにアフリカを攻め、イタリアで軍事作戦を行い、ついにはフランスも攻撃した。

このように彼はつねに大きな事業を計画しては実行していった。そのたびに臣民は興奮し、感嘆し、彼の成功に夢中になった。**こうした行動は、人々が冷静になって対**

抗策を考えつく余裕を与えないよう、次々と矢継ぎ早に行われた。

中立でなく「敵か味方か」はっきりとする

内政面での類いまれな実例を示すことも、君主には大いに役立つだろう。ミラノのベルナボ公は、善いことであれ悪いことであれ、誰かが特別なことを行ったときには、いかにも話題になりそうなふつうとは違うやり方で、その人物を称賛したり、あるいは処罰したりしたという。

ましてや君主であれば、あらゆる行動を通して、自らがいかに偉大で卓越した人物であるかを示すよう努力しなければならない。

また君主は、真の味方あるいは真の敵になるとき、つまり、**一方に味方し他方に敵対するという姿勢を明確に打ち出すことで人々から尊敬される。それは、中立の態度をとるよりずっといい結果を招く。**

たとえば近隣の二人の有力者が一戦を交えた場合、いずれどちらかが勝利する。その勝者はあなたにとって恐るべき存在となるか、そうでないかのどちらかだ。前者の場合、あらかじめ立場を明らかにしておかなかったなら、あなたは必ず勝利者の餌食になる。負けたほうも、その成り行きに一時は溜飲を下げるだろう。

そしてあなたは誰かに保護を求める名分もなく、身を寄せる場所もなくなってしまう。なぜなら、**勝者は、逆境のときに助けてくれなかった者を味方にはしたがらず、敗者の側も、武器をとって自分たちと運命をともにしようとしなかった者など受け入れるはずがない**からだ。

かつてアンティオコスは、アイトリア人の要請でローマ人を追い払うためにギリシアに侵攻した。

このときアンティオコスは、もともとローマ軍の味方だったアカイア人に使節を送って、中立を守るように言った。一方ローマ軍は、アカイア人に自分たちのために武器をとってほしいと説得した。

この問題は、アカイア人の評議会で議論されることになったが、アンティオコスの使節が議場で中立を勧めると、ローマの使節はこう反論した。

「彼らは戦争に介入しないことこそが有益だというが、諸君の利益をこれほど無視した言い分はない。中立の立場をとれば、君たちは誰からも感謝もされず尊厳も得られず、ただ勝利者の餌食になるだけだ」

このように、味方でない者が中立を要求してきたり、味方の側が武器をもって立ちあがれと迫ってきたりすることは、いつでも起こりうる。

そのとき、決断力に欠ける君主は、当面の危機を回避しようとして中立の道を選ぶことが多い。すると、ほとんどの君主が滅んでいく。

逆に、ある君主が、勇敢にも一方の側に立つと態度を明らかにした場合、加勢したほうが勝利すれば、その勝者が強力で、あなたは彼の意のままにならざるをえなくなったとしても、彼はあなたに恩義を感じているので、そこに友好関係が結ばれる。**人間というものは、味方になった者を虐げて恩知らずの見本になるほど不誠実ではないだろう。**

そもそも勝利をつかんだといっても、どんな気遣いも必要ない、ましてや正義に関する配慮をしないですむというような完璧な勝利などありえないのだ。

加勢した者が負けた場合でも、あなたはその者から迎え入れられ、可能なかぎりあなたを助けてくれるだろう。やがてまた運命が好転したときには、それを分かち合う関係になるはずだ。

「安全な道」は安全ではない

第二の場合、つまり争っているどちらが勝ったにしても、あなたが恐れを抱く必要がない場合には、どちらに加勢するかについては慎重になる必要がある。

なぜならあなたは、賢明であれば互いに助け合うはずの者に手を貸して、もう一方を滅ぼすことになるからだ。あなたの援助なくして勝利は不可能だったので、支援を受けた者はあなたの意のままにならざるをえない。

ここで注意すべきは、**君主が自分より強力な者と手を結んで第三者に攻撃をしかけるのは、やむをえない場合にかぎる**という点だ。たとえ勝利を収めても、その強力な者の虜になるだけだからだ。

君主たるもの、できるだけ他人の意のままになるのは避けるべきである。

その昔、ヴェネツィア人はフランスと同盟を結んでミラノ公と対決したが、この同盟は避けようと思えば避けられたものだったのに墓穴を掘ってしまった。

しかし、教皇とスペインがロンバルディア地方を攻撃するために軍隊を送った際、フィレンツェ共和国が迫られたように、同盟を避けられない状況では、君主は先に述べた理由から、どちらかと手を結ばなければならない。

どんな国家もいつも安全策ばかりを選ぶことができるなどと思ってはいけない。むしろ、つねに危ないほうの策を選ばなくてはならないと考えるべきである。

一つの不都合を避けようとすれば、必ずまた別の不都合に陥るのが世の定めだ。思慮深さとは、さまざまな不都合の性質を見きわめ、もっとも害の少ないものを選ぶことである。

集団に「安心感」を与える

さらに君主は、一芸に秀でた者を尊敬し、自らが才能のある人物を愛する者である

ことを示さなければならない。

市民たちが、商業であれ、農業であれ、そのほかどんな職業であれ、各自が安心して仕事に従事できるように励まさなければならない。彼らが、君主に取り上げられることを恐れて、自分たちの財産を目立たなくさせたり、重税怖さに取引を差し控えたりしないよう配慮しなければならない。

ほかにも、殊勝な心がけの者や、自分の都市や国家をなんとかして繁栄させたいと考えている人たちには褒賞を準備すべきである。

加えて、一年の適当な時期に祭りや催しを行って、民衆の心を夢中にさせることも重要だ。どんな都市も同業組合や地区に分かれているので、それぞれの集団について考え、時にはその会合に自ら参加し、豊かな人間性と度量の広さを示すべきである。

それでいて君主としての威厳はつねに保ち、けっして損なわれることがないようにしなければならない。

第22章

「側近」に登用すべき人

【原題】側近の選び方

君主にとって、側近を選ぶことは重要であり、側近の良し悪しはひとえに君主の思慮深さにかかっている。

君主がどの程度の頭脳のもち主かを推し量るには、その側近を見ればいい。

彼らが有能で誠実なら、その君主は賢明である。君主は彼らの有能さを見抜き、忠誠を守らせることができているからだ。反対に側近が有能でない場合には、君主が人選においてミスを犯したことになり、その君主にはよい評価を与えるわけにはいかない。

「褒美」と「責任」を与える

たとえば、シエーナの君主パンドルフォ・ペトルッチ公の宰相アントニオ・ダ・ヴェナフロを知る人は、誰もが、「この人物を側近に選んだのだからパンドルフォはきわめてすぐれた君主である」と評価するだろう。

およそ人間の頭脳には3つの種類がある。

第一は、自分の力で理解するもの、第二は他人の考えを聞いて判断するもの、第三は自分の力で考えず他人の意見も理解しようとしないものだ。

第一の頭脳がもっともすぐれていて、第二もすぐれているが、第三は無能である。

前述のパンドルフォは、第一には入らないものの、第二に入ることは間違いなかった。

というのも、彼自身は独自の創意に欠けているとはいえ、他人の言動の良し悪しの判断を迫られたとき、たとえば側近の行動を判断するときには、善い行動についてはそれを褒め、悪い行動に対してはそれを正すことができるからだ。

そうなると、側近たちは君主を欺こうと思わなくなり、忠実に振る舞うようになる。

それでは、君主はどんなふうに側近の能力を見分けることができるのだろうか？

確実な見分け方がある。側近が君主のことよりまず自分のことを考え、どんな行動にも自らの利益を追求しているなら、けっしてよい側近とはいえず、気を許してはならない。なぜなら、国家を任されている人物は、自分のことではなくつねに君主のことを考えねばならず、君主に関係ないことが頭をよぎってはならないからだ。

君主は君主で、側近に忠誠心を保たせるために、その者を思いやり、名誉を与え、暮らしを豊かにし、恩義をかけ、名誉と責任を分け与えなければならない。このようにして、君主がいなくては自分も存在しないということをわからせるのである。

多大な名誉を与えるのはそれ以上の名誉を望まないようにするためであり、多大な富はそれ以上の富を望まないようにするためであり、多大な責務は政変を恐れるようにするためである。

したがって、以上のような側近と君主であれば信頼し合うことができる。そうでなければ、つねにどちらかにとって悪い結果となるだろう。

第23章

誰の意見は聞き、誰の意見は捨てるか

【原題】こびへつらう者の避け方

ここで、君主がとても思慮深いか、あるいはすぐれた人選をしたのでないかぎり免れられない重大な問題について触れておきたい。宮廷でよく見かける、君主にこびへつらう者たちの問題である。

人間は自分のこととなると評価が甘くなり、おだてられるとすぐにだまされるので、こびへつらう者という災いから身を守るのは難しい。そういう者を避けようとすると、軽蔑を招くという危険もある。

そもそもこの問題を避けるには、君主は真実を告げられてもけっして怒らない人物だと思わせるしかない。ところが、誰もが君主に真実を話してもかまわないとなると、今度は君主への尊敬の念が消えてしまう。

耳を傾けるべき相手は誰か

こう考えると、思慮深い君主は、第三の道をとらなければならない。

すなわち、**国内から賢人を選び出し、彼らにだけ真実を話す自由を与える**のだ。しかも君主が質問したことがらについてだけ答えさせ、ほかのことは語らせないようにする。

君主はさまざまなことがらについて、彼らに質問し、その意見を聞き、その後、一人で決断を下さなければならない。

しかも、一人ひとりの助言者が率直に話せば話すほどその助言が受け入れられるということを、それぞれにわからせるように振る舞わなければならない。

また彼ら以外には誰の言葉にも耳を貸さず、君主自身が決断したことを推し進め、その決断を貫くことが必要である。

こうしたやり方をとらないと、こびへつらう者たちによって破滅するか、さまざまな意見が出るたびに考えを変えることになり、そうなると君主の評判は下がるばかりだ。

これに関して、現代の実例を一つ紹介しよう。現皇帝マクシミリアンの腹心であるルカ司祭［ルカ・リナルディ］は、この皇帝の人柄をこう述べている。「皇帝は誰にも助言を求めようとせず、そのくせ何一つ自分で判断することもなかった」

これは先に述べた方策とは逆のことを皇帝が行っている結果だ。実際、マクシミリアンはなんでも秘密にして、自分の計画を誰にも明かさず、誰の意見も聞こうとしなかった。

だが、いざ実行に移そうとすると、その計画が知れわたり、周辺の人から異論が出てきただけで、簡単に意見を変えて計画を撤回してしまう。今日始めたことを明日には破棄し、彼がいったい何を望み、何を計画しているのか、誰もわからなくなる。

かくして、皇帝の決断など信じられないとなったのだ。

「助言」の求め方
――いい助言の見きわめ方・取り入れ方

したがって、君主はつねに他人の意見を聞かなくてはいけないが、それはあくまで自らが望むときにそうすべきであって、**誰かが話したいときに耳を傾けるのではない。**それどころか、君主に質問されないかぎりは君主に助言しようなどという気をもたせないようにすべきである。

さらに君主は、幅広くさまざまなことを質問し、尋ねたことについては、忍耐強く真実を知ろうとする聞き手でなくてはならない。誰かが何者かへの配慮から真実を言わない場合には、きちんと怒らなくてはならない。

賢明だといわれている君主は、本人の資質のためではなく、側近によい助言者がいるおかげだという者も多いが、それは明らかに間違っている。なぜなら、次のような揺るぎない一般原則があるからだ。

すなわち、**賢明でない君主は他人の意見をうまく聞くことができない。**

ただし、きわめて思慮深い側近がいて、その者に政務のすべてを任せる場合は別だ。その場合にはたしかにうまくいくだろうが、長続きはしないだろう。というのも、政務を任された有能な人物は、やがて君主の権力を奪い取るからである。

かといって、賢明でない君主が複数の人に助言を求めると、一つにまとまった助言は得られず、それを自分でまとめることもできない。そのうえ助言者はそれぞれ、自分の利益を考えるので、君主は、彼らの意見をどう修正しどう理解していいかわからなくなる。

助言者が私利私欲に走るのは無理もないことだ。なぜなら、人間は必要に迫られるから忠実になるのであって、そうでなければ、君主に対して有害な存在となるだろう。

したがって結論はこうだ。

よい助言とは、誰からのものであれ君主の思慮から生まれるものであり、よい助言から君主の思慮が生まれるわけではないのだ。

第24章 「国を奪われた者」の共通点

【原題】イタリアの君主たちが領土を失った理由

これまでに述べたことを慎重に守るなら、新しい君主も昔からの君主と同じように見える。

それどころか、昔からの君主よりも、自らの地位を安泰で強固なものにできる。新しい君主は世襲君主より行動が注目され、力量があるとわかれば、古い血統によって支配する君主よりもはるかに民心をつかみ、民衆との結びつきを深めることができるからだ。

人間は過去のことより現在のことにとらわれる。現在が幸せであれば、それを楽しみ、ほかのことは望もうとしない。それればかりか、新しい君主がほかに失政を犯さなければ、なんとしてでも君主を守っていこうとするだろう。

このように新しい君主が新しい国家を築き、よい法律とよい軍隊を備え、よい模範を見せて国を強化すれば、その栄光は二重に輝くと言っても過言ではない。

逆に、君主に生まれついたのに、思慮が足りないために国を失えば、二重の不名誉がもたらされるのである。

凪の日に「嵐」を想定する

イタリアのナポリ王やミラノ公のように国を奪われた君主を考察してみると、共通の欠陥が見られる。

第一に、先に論じた原因の一つ、軍事面での弱点だ。

次に、彼らのある者は民衆を敵にまわし、ある者は民衆を味方につけはしたものの、いずれも貴族の野心から身を守る術をもたなかった。

こうした欠点さえなければ、戦場に軍隊を送ることができるほどの強力な国家を奪われることなどないはずだ。

アレクサンドロスの父ではなく、あのティトゥス・クィンクティウス〔共和政ローマの政治家、軍人〕に敗れたマケドニア王フィリッポスは、攻撃してきたローマやギリシアに比べると広大な領土をもっていたわけではない。

にもかかわらず、何年も敵の攻撃に耐え抜くことができたのは、彼が生来の軍人で、民衆の心をつかみ、貴族を抑えつける策を心得ていたからだ。

フィリッポスは、最後にはいくつかの都市の支配権を奪われはしたが、王国を守りとおした。

したがって、長年権力の座にあったイタリアの君主たちが、しまいには国を奪われたからといって、その責任は運命にあるわけではない。とがめられるべきは君主の怠慢である。

凪の日に嵐のことなど考えないのは人間共通の弱点であるが、彼らもまた、平穏な時代にそれが変わることなどまったく考えようとしなかった。

その後、逆境が訪れると逃げ出すことだけを考えて、自国の防衛など思いもしなかった。

そして、いつかは民衆が新たに征服した支配者の横暴ぶりに嫌気がさして自分を呼び戻してくれることを期待していたのだ。

ほかに打つ手がないのであればこの方策もやむをえないが、それだけに頼ってほかの策を考えようとしなかったのは、まったくの誤りである。

誰かが助け起こすのを期待して進んで倒れこむようなことはしてはならない。誰かが助け起こしてくれるなどという事態はまず起こらない。起こったとしても、そんな方策は卑怯で自分の力にもとづくものでない以上、安全策とはなりえない。

つまり、自分自身と自身の力量にもとづく防衛だけが立派で、確実で、長続きするのである。

第25章 成功における「時代」と「運」

【原題】人間の営みに影響を与える運命にどう対処すべきか

この世のことは、運命と神が決めているので、人間がどんなに頭を働かせたところで、その動きを変えるどころか、対策さえ立てようがない。いまも昔も、多くの人がそう考えてきた。

この考え方に従えば、何ごとにおいても苦労を重ねる必要はなく、運命のなすがままに任せておけばいいということになる。

とりわけ現代は、人間の想像を超えた激変が日々起こっているだけに、この考えはより受け入れられやすい。たしかに、激動について思いを馳せれば、私もその意見に傾きそうだ。

しかし、人間の自由意志がなくならないように、人間活動の半分は運命の女神が支配しているとしても、**少なくとも残りの半分、あるいは半分近くは、われわれ自身が支配するよう任せてくれている**というのが真実ではないだろうか。

川が氾濫する前に「堤防」を築く

運命の女神は、災害をもたらす河川にたとえられる。

川は怒りだすと、氾濫して平野を水浸しにし、樹木や建物をなぎ倒し、こちら側の土を削って向こう岸に運んでしまう。荒れ狂う川を前に誰もが逃げまどい、防御の術もなく、その猛威に屈してしまう。

河川は時にこうなるが、平穏なときに堰《せき》や堤防を築いて備えておくことはできるはずだ。増水したら運河に流れ込むようにするなど、激流が壊滅的な被害を引き起こさないようにすることはできるのだ。

同じことは運命にもいえる。**運命が猛威を振るうのは、それに抵抗する力ができて**

いないところに対してであり、堤防や堰ができていないところでこそ、その威力を発揮する。

こうした激変の震源地ともいえるイタリアをよく見てみれば、そこは堤防も堰もない原野でしかないことに気づくだろう。

イタリアにドイツやスペインやフランスのような適切な力量による備えがあったなら、この洪水もいま見られるような激変をもたらさなかっただろう。あるいは、洪水そのものが起きなかったかもしれない。

ここまでで、運命について一般にどう対処したらよいかについては十分に述べたと思う。

ところで、個々の事例をつきつめて見ていくと、性質や資質は何ら変わっていないのに、今日まで隆盛をきわめていた君主が翌日には滅んでしまうといったことがよく起こるとわかる。まさしく、先ほど述べたことがその理由である。

つまり、何から何まで運命に依存している君主は、運命が変われば滅びるのだ。

「時代」に合った者が勝者となる

さらに、**自分の行動のしかたを時代に合わせられる者は成功し、行動様式が時代と合わない者は不幸になる。**

人間は、栄光や富といった目標に向かっていくとき、さまざまに行動する。慎重な者もいれば大胆な者もいる。ある者は暴力に訴え、ある者は策略をめぐらせる。ある者は辛抱強く、ある者はその逆である。一人ひとり、自分のやり方で目標にたどりつこうとするのだ。

しかし、用意周到な二人のうち一方は目標に達したのに、もう一人は達成できなかったということもあれば、慎重なやり方をした者も大胆に行動した者も同じように成功することもある。

つまり、違うやり方をしても同じ結果になったり、同じように振る舞っても結果が違ったりするのは、それぞれのやり方がその時代の性格や時流と合っていたかどうかからくるものなのである。

さらにまた、栄枯盛衰もここに原因がある。ある君主が慎重に忍耐強く統治し、それが時代や情勢とうまく合っていれば繁栄に向かう。だが時代も情勢も変化したら、やり方を変えないかぎり衰退してしまう。

そういった情勢の変化にすぐに対応できる賢明な君主はそうそういない。なぜなら、**人間は持って生まれた性質からはなかなか離れられず、あるやり方で成功した者は、どうしてもそのやり方を捨てる気になれない**からだ。慎重な人は、大胆に振る舞うべきときになってもどうしていいかわからず、結局、破滅する。

慎重であるより「大胆」であれ

教皇ユリウス2世は、何かにつけて大胆に進めたが、時代と状況がそのやり方に合っていたので、見事な成果をあげた。

ジョヴァンニ・ベンティヴォリオ公がまだ存命のころ、ユリウスがボローニャにしかけた最初の戦いを思い出してほしい。彼のこの企てに、ヴェネツィアは反対し、スペイン国王も同じだった。フランスとはこの件で何度も協議していた。

そんな状況にもかかわらず、ユリウスは大胆にも勇猛で性急な性格から遠征に出発した。教皇のこの行動により、スペインはナポリ全土を取り戻したいという思惑から、そしてヴェネツィアは恐怖心から、身動きできなくなってしまった［当時、ナポリの一部（アドリア海沿岸部）はヴェネツィアの領土になっていて、スペインはどうにかそれを手に入れてナポリ全体を支配したいと考えていた］。

その一方で、教皇はフランスを引き込んだ。フランス国王はヴェネツィアを弱体化させるために教皇を味方にしておきたいと考えていて、ここで軍隊の派遣を拒否すれば教皇を公然と傷つけることになるので、支援を断りきれないだろうとわかっていたからだ。

こうしてユリウス2世は、大胆な行動によって、これまでのローマ教皇がどれほど英知を傾けても実現しなかったことを成し遂げた。ほかの教皇であれば、協議がまとまり、準備万端整ってからローマを出発しただろうが、そんなことをしていたらけっして成功しなかっただろう。そうなれば、フランス国王はいくらでも断る口実を思いついただろうし、ほかの者たちも次々と脅しをかけてきただろう。

ユリウス2世のほかの行動についてはここでは省略するが、どの行動もすべてこれと似ていて、ことごとく成功した。在位期間が短かったことから、ユリウスは逆の経験をしないですんだ。というのも、慎重に行動することが必要な時代になったら、彼もまた生来の性格を捨てきれずに破滅の道を歩んだにちがいないからだ。

そこで、次のような結論が導かれる。

運命は変化するものだ。人間は自分のやり方にこだわるので、運命とそのやり方が合っている場合には成功するが、そうでないと不幸になる。

しかし、私はこう判断する。**慎重であるよりは大胆に進むほうがいい。**運命の神は女性なので、征服しようとすれば、打ちのめしたり突きとばしたりする必要がある。

運命は、冷静な行動をする人より大胆な人のほうに従いがちだ。

運命は、女性と同じで、若者の友である。

若者というのは、慎重さを欠き、荒々しく、大胆に女性を支配するものなのだ。

第26章

困難こそ「前進」のとき

【原題】イタリアを外敵から解放する

これまで論じてきたことすべてをここで振り返り、私は考えた。はたして現在のイタリアに、新しい君主が名声をあげられる時代がやってきているのか？

賢明な思慮深い君主に名誉を与え、イタリアのすべての民に幸福をもたらすような体制を導入するのに好ましい状況になっているのだろうか？

考えた結果、私には、新しい君主にとって万事が好都合に進み、行動を起こすのにいまほど適切な時期はないと思える。

先に述べたように、モーセの有能ぶりを知るにはイスラエルの民がエジプトの奴隷である必要があった。

キュロスの心の偉大さを知るには、ペルシア人がメディアの民に抑圧されていなくてはならなかった。

さらに、テセウスが卓越した能力を発揮するには、アテナイの人々がばらばらにされている必要があった。

だとすれば、今日、あるイタリア人の力量をうかがい知るには、イタリアがいまのようにどん底に落とされ、イスラエルの民以上に奴隷化され、ペルシア人以上に卑屈になり、アテナイ人以上にばらばらにされて、指導者も秩序もなく、打ちのめされ、はぎとられ、引き裂かれ、踏みにじられ、ありとあらゆる破滅を耐えしのぶことが必要だったのだ。

必要に迫られた「戦い」のみ正義

ある人物［チェーザレ・ボルジア］に神がイタリアの救済をお命じになったのかと思えるような一

条の光が射したこともあったが、残念ながら、その人物は活動の絶頂期に運命に見放された。

　こうして息も絶え絶えのイタリアは、自らの傷を癒やし、ロンバルディアの略奪やナポリ王国やトスカーナの強奪に終止符を打ち、長年にわたって化膿した傷を手当してくれる人物を待ちわびている。

　イタリアは、野蛮な外敵の残酷さと横暴さから解放してくれる人物を遣わしたまえと神に祈りを捧げている。旗を掲げる者があれば、イタリアはそれに従う覚悟もできているのだ。

　そして今日、あなた方ご一族、運と力量をかねそなえ、神とローマ教会の恵みを受けて救済の指揮官となりうる栄光あるご一家以外に、イタリアの期待にこたえられる者がどこにいるだろうか。先に名前を挙げた人たちの偉業や生き方をよく見ていただければ、それほど難しいことではないだろう。

　彼らはめったにいない驚嘆すべき人物ではあったが、**それでもやはり一人の人間であり、どの人物もいまほどの時勢に恵まれたわけではなかった。**彼らの偉業と比べても、このたびほど正当なものではなく、これほど容易でもなく、あなたほどに神の恵みを受けていたわけではない。今回は大いなる正義があるのだ。

すなわち、**「必要に迫られた戦争だけが正義であり、ほかに一切の望みが絶たれたときには、武力もまた神聖である」**というわけだ。

このたび、最大の好機が訪れている。大きな好機がある以上、あなた方ご一族が、先に指標として挙げた人たちの方策をとるかぎり、大きな困難はありえない。

それに加えて、いまこそ神に導かれた希少な奇跡が起きている。海は分かれ、雲はあなたに道を示し、岩に泉が噴き出し、天からはマンナ［神から与えられる食べ物］が降りそそぎ、すべてがあなたの偉大さのもとに集まってきている。

あとはあなたの行動を待つのみだ。神がすべてをなさろうとしないのは、人間から自由意志や、人間のものである栄光の一部を取り上げないためである。

すべての事業の基礎となるもの

先に名前を挙げたイタリア人の誰一人として、高貴なあなた方ご一族に期待されている偉業をなしえなかったとしても驚くには値しない。またイタリアの軍事力が、いくつもの変革や戦争の結果で消滅しているように見えたとしても驚くべきことではない。

これは、イタリアの古い制度が妥当でなく、新制度をつくりだせる人物に恵まれなかったためである。

新しくその座に就いた君主にとって、新しい法律をつくり新しい制度を確立することほど大きな名誉をもたらすものはない。それらの基礎がしっかりと固まり、立派な成果をあげれば、新しい君主は人々の尊敬を集めて称賛されるだろう。しかもイタリアには、どんな形態も取り入れられるような材料がしっかりと存在する。

ここでは、頭が働いていなくても、手足には大いなる力がある。決闘や少人数での戦いで、イタリア人が力や敏捷さや才知にどれほどすぐれているかが明らかになった。

ところが軍隊となると、その優越性が見られなくなる。これはすべて、指導者が弱いためだ。それというのも、有能な人間は他人に服従したがらず、それぞれ自分こそが有能であると思いこんでおり、これまで一人として人々を心服させるほど傑出した人物が現れなかったのだ。

かくして、過去20年もの間、多くの戦闘において全軍がイタリア人の場合には、きまって好ましくない結果となった。まずはタ一ロの戦い、ついでアレッサンドリア、カプア、ジェノヴァ、ヴァイラ、ボローニャ、メストリ、いずれの戦いもそのことを示している。

したがって、あなた方ご一族が、かつてそれぞれの地域を解放した英雄たちの偉業に倣おうとするなら、**何をおいてもすべての事業の基礎である自国軍を整備することが重要である**。それより信頼のできる、それより正しく、それより優秀な兵士は得られないからだ。

兵士一人ひとりが立派で、かつ君主の指揮のもとで、君主から名誉を受けて厚遇されたなら、彼らは全体としてさらに優秀になるだろう。

イタリア人の本来の力量をもって、外敵から国を守るには、こういった自前の軍隊の整備が必要である。

ひるまず「攻め手」を考えよ

スイスやスペインの歩兵隊が恐ろしいと言われているが、両軍にもそれぞれ欠点がある。第三の軍事組織でそこを突けば、対抗できるどころか、十分に両軍をしのげるだろう。

スペインの歩兵隊は騎兵隊に抵抗できず、スイスの歩兵隊は、自らと同じぐらい精鋭な歩兵隊にぶつかるとひるんでしまう。実際に、スペイン軍はフランス騎兵隊に抵抗できず、スイス軍はスペイン歩兵隊に壊滅されるということがわかっている。

もっとも後者については、十分に経験したわけではなく、一度だけラヴェンナの戦いでその例が見られた。そのときスペイン歩兵隊はドイツ部隊と交戦し、ドイツ部隊はスイス軍とまったく同じ戦闘隊形をとっていた。スペイン歩兵隊は、敏捷な体と小さな楯を頼りにドイツ軍の槍の下に入り込み、ドイツ軍を攻めたてて、手も足もでないようにした。あのとき騎兵隊がやってきてスペイン軍に襲いかからなかったら、ドイツ軍は壊滅していただろう。

つまり、両軍の歩兵隊の弱点をそれぞれ知っていれば、騎兵隊にも対抗でき、しかも歩兵隊にもひるまない新しい軍隊を組織できる。これは、兵器の種類と新たな陣形の組み方でできあがるだろう。

そして新たに組織ができれば、それこそが新しい君主に名声と偉大さをもたらすだろう。


だとすれば、イタリアが長い間待ち望んでいた救世主に出会えるこの好機を、絶対に見のがしてはならない。

これまで、何度も外国の侵攻に苦しめられてきたイタリア各地の民衆が、どれほどの愛情をもってその救世主を迎え、報復へのどれほどの渇望や忠誠心、どれほどの憐れみやどれほどの涙をもって救世主を迎えるかについては、言葉に言い表せない。

彼に閉ざされている城門がどこにあるだろう。彼に対する忠誠を拒む民衆がどこにいるだろう。彼に対する妬みで歯向かってくる者がどこにいるのだろう。彼に対して尊敬の念をもたない者がどこにいるのだろう。

外敵の支配は誰にとっても悪臭のように鼻につく。だからこそ、誉れ高いあなた方一族には、正義の戦いに向かうときの勇気と希望をもってこの任務を担っていただきたい。
そうすれば、あなたの掲げる旗のもと、祖国が名誉を取り戻し、あなたの庇護のもとに、ペトラルカのあの言葉が現実のものとなるだろう。

美徳は狂暴に抗して武器をとるだろう
戦いはすみやかに終わるだろう
イタリアの民の心に
古くからの勇武がいまも残っているかぎり

解説

本村凌二（東京大学名誉教授）

16世紀の初めころ、フィレンツェ郊外の山荘に隠棲した男がいた。早朝から樵《きこり》たちの仕事に目をくばり、昼下がりになれば居酒屋で村人たちと雑談し賭け事にふける。だが、男は夜になると正装し古人の書をひもとくのだった。

この男は幼いころからラテン語を学び、商人の父親の蔵書にある古典古代の書物に親しんでいた。とりわけ古代の歴史家リウィウスの書には心ひかれるものがあったらしい。

そのころのフィレンツェは人文主義の風潮にあふれ、大富豪メディチ家の邸宅には人文学者や芸術家がつめかけていた。だが、古典の教養を独学で身につけた男は、そのような正統派の集いに身をおいていたわけではない。

1498年、官吏に採用された男は、同時代の権力者の実像をまざまざと知る機会が少なくなかった。

それればかりか、弱小のフィレンツェ共和国が倒され、メディチ家が支配する。そのなかで、反メディチ派の陰謀が暴かれ、身に覚えのないのに、まきぞえを喰ってしまう。幸い、メディチ家出身の教皇が出現したために、祝賀の恩赦がなされ釈放された。

隠棲した男の愛読書は、リウィウス作『ローマ建国以来の歴史』。この古人と語らいながら、男はローマ人とともに生き、ローマ人の精神を心にしみこませていた。公職を追われ失意のうちにある男にとって、共和政国家ローマには夢を馳せるだけのことはある。

男は愛読書をかたわらに並べながら『ディスコルシ』を書くのだった。それと重ねてはイタリアの将来を案じていた。

ところが新興国が台頭しているとの噂が流れると、絶大な権力者が統治する強国への夢想が頭をかすめる。わずか半年たらずで男は『君主論』を書き上げたという。

男の名はマキャベリ（1469~1527年）、後に同書で名高くなる政治思想家である。ローマ共和政に思いをよせ独裁政を嫌悪していたはずだった。その人物がなぜ強権讃美の書を執筆できたのか。

そこに現実主義といわれるマキャベリ思想の核心があるのかもしれない。

だが、マキャベリの心の底にローマ人の教訓が息づいていたことは間違いない。

「マキャベリズム」という言葉から、何を思い浮かべるだろうか。

政治を道徳から切り離し、時には冷酷でもあり、目的のためには手段を選ばない権謀術数ではないだろうか。

たしかに、マキャベリは、『君主論』のなかで、政治を為す者は時には冷淡でもなければならないと語る。

・**君主たる者は、冷酷だなどの悪評をなんら気にかけるべきではない**

残忍な人物だと噂されたチェーザレ・ボルジアだったが、その冷酷さが支配領域のロマーニャ地方の秩序を回復させたのだった。

・加害行為は、一気にやってしまわなくてはいけない

征服者はそれにともなう加害行為を、決然と一気呵成にやるのがいい。その後に恩恵を小出しに施せばいいのだ。

・運命は女神だから、彼女を征服しようとすれば、打ちのめし、突きとばす必要がある

女神は強い者を好むのだから、慎重で冷静な生き方をする人よりも、果断に突進する人になびいてくれるものだという。

・運命の女神は、新人の君主を大物に仕立てようとするとき、わざわざ彼らに敵をこしらえて戦いを強いる

平穏無事では、チャンスはめぐってこない。目の前に迫る厳しい敵対関係こそが、じつは好機なのだ。

・大衆はつねに、外見だけを見て、また出来事の結果で判断してしまう

短見的な大衆は、外見や結果にとらわれやすいもの。君主が戦争に勝ち、国力が充実すれば、たまたまの非道は見過ごされてしまうはずだ。

・善い行いをすると広言する人間は、よからぬ多数の人々のなかにあって、破滅せざるをえない

人間が生きているさまを見ても、誤解したり錯覚したりして現実の姿を見のがすのであれば、結局は身の破滅になりかねない。君主が自分の身を守りたいならば、悪しき人間にもなる必要がある。

このようにして見れば、マキャベリが血も涙もないかのような透徹した現実主義者であると思われているのも不思議ではない。

だが、彼は正義や慈悲を無益なものとして退けるわけではない。というよりも、後世には、その道義に反する言説のみが強調され、反道徳思想のレッテルが一人歩きしたにすぎないのではないだろうか。

そのことはもう一つの主著『ディスコルシ』を読めば、よくわかる。この邦訳書の副題は「ローマ史」論とされており、古代の歴史家リウィウスの『ローマ建国以来の歴史』との対話のなかで執筆されている。

イタリア統一を願う立場からすれば、君主の強権は是とされるかもしれない。だが、国家は為政者のみから成り立っているわけではない。民衆の支持がなければ、健全な国家は持続することはできないのだ。

だから、『君主論』が指導者の観点から権力と秩序の安定をもたらす術を語るなら、『ディスコルシ』は「よき市民」によびかけるかのようである。

たとえば、「平和な時代にはなおさらだが、堕落した国家のなかにずばぬけて傑出した人物がいる場合、この人物の意見は、嫉妬やその他の思惑のため、ほかの人々から敵視されるものなので」という指摘がある。そこにはどこか、「正義が実現されるにはどのような見通しをもちうるのか」という思いがひそんでいる。

また、「人間がとりうる何よりも賢い態度の一つは、相手に対して脅かすような言辞を吐いたり、侮辱するような言葉をけっして口にせぬように慎むことだと思う」とも指摘する。ここには民衆の良識への期待がこめられているのではないだろうか。

君主国であれ、共和国であれ、国家の大多数は民衆である。

マキャベリは毅然としたエリートの男ではない。むしろ場末の居酒屋で雑談に興じるのが似合っていた。

このような気の置けない凡俗さのある男には民衆に語りかけることは自然の成り行きだったかもしれない。

このことは『君主論』のなかでは影をひそめているが、読者の心のどこかにとどめておかれてほしいものだ。

【著者プロフィール】

ニコロ・マキャベリ
(Niccolò Machiavelli)

1469 年、イタリア・フィレンツェ生まれの政治思想家・外交官。フィレンツェ共和国政府の官吏として外交と軍事の要職を歴任し、1527 年没。『ディスコルシ――「ローマ史」論』(筑摩書房ほか)、『戦術論』(原書房ほか)、『フィレンツェ史』(岩波書店ほか)などの著作がある。

【訳者】

関根光宏
(せきね　みつひろ)

東京都生まれの翻訳者。慶應義塾大学法学部卒。訳書に『世界しあわせ紀行』(早川書房)、『炎と怒り――トランプ政権の内幕』(早川書房、共訳)、『ヒルビリー・エレジー――アメリカの繁栄から取り残された白人たち』(光文社、共訳)、『エッセンシャル仏教――教理・歴史・多様化』(みすず書房、共訳)などがある。

すらすら読める新訳
君主論

2023年3月30日　初版発行
2023年5月10日　第2刷発行

著　者　マキャベリ
訳　者　関根光宏
発行人　黒川精一
発行所　株式会社サンマーク出版
〒169－0074 東京都新宿区北新宿2－21－1
電　話　03(5348)7800
印　刷　三松堂株式会社
製　本　株式会社村上製本所

定価はカバー、帯に表示してあります。
落丁、乱丁本はお取り替えいたします。
ISBN978-4-7631-4047-0 C0030
ホームページ　https://www.sunmark.co.jp